"覃宇德体育非物质文化遗产技艺传承技能大师工作室"阶段性成果

体育非物质文化遗产学校社团传承研究

覃宇德 著

人民体育出版社

图书在版编目（CIP）数据

体育非物质文化遗产学校社团传承研究 / 覃宇德著. -- 北京：人民体育出版社，2021（2023.6重印）
ISBN 978-7-5009-5930-4

Ⅰ.①体… Ⅱ.①覃… Ⅲ.①体育文化—非物质文化遗产—学生组织—技艺传承—研究—中国 Ⅳ.①G812

中国版本图书馆CIP数据核字(2020)第260270号

*

人民体育出版社出版发行
天津画中画印刷有限公司印刷
新 华 书 店 经 销

*

787×960　16开本　14.5印张　230千字
2021年1月第1版　2023年6月第2次印刷

*

ISBN 978-7-5009-5930-4
定价：66.00元

社址：北京市东城区体育馆路8号（天坛公园东门）
电话：67151482（发行部）　　邮编：100061
传真：67151483　　　　　　　邮购：67118491
网址：www.psphpress.com
（购买本社图书，如遇有缺损页可与邮购部联系）

作者简介

覃宇德　男，中共党员，土家族。

湖北利川市人，1982年4月出生，教育学博士，现任台州学院教师教育学院讲师，台州市直高校青年技能大师、舞龙舞狮国家级裁判员、北狮国家级教练员、国家一级社会体育指导员，主要研究方向为民族传统体育学。

目前主持科研项目4项，即浙江省教育厅教育规划课题《以"黄沙狮子"为文化与技术载体的儿童青少年广播操的创编与实施》、台州市哲学社会科学规划课题《台州体育非物质文化遗产传承与发展研究》、台州市哲学社会科学研究课题《实体生命哲学视域下台州民俗体育的传承与发展研究》、台州市哲学社会科学研究课题

《台州传统体育文化的村落依托与保护研究》。参加的科研项目有：国家社科基金项目《现代语境下体育教师职前教育的知识困境与出路的实证研究》、教育部人文社科规划课题《反思与重构：基础教育田径课程改革的可持续发展研究》、国家社科基金重大项目子课题《中国竞技体育发展方式改革研究》、教育部本科体育教育专业综合改革试点项目子课题《中小学田径理论与实践》、上海市体育局《上海市田径发展中长期规划》、教育部本科体育教育专业综合改革试点项目子课题《中小学运动训练理论与实践》。公开发表论文15篇。

目 录

第一章 绪论 …………………………………………………（1）

一、研究背景 …………………………………………………（2）

（一）对儿童青少年进行优秀民族文化传承的时代诉求 ………（2）

（二）体育非物质文化遗产传承的需求 ……………………（2）

（三）学校社团开展体育非物质文化遗产传承的需要 ………（3）

二、研究目的与意义 …………………………………………（4）

（一）研究目的 ………………………………………………（4）

（二）研究意义 ………………………………………………（4）

三、概念界定 …………………………………………………（5）

（一）体育非物质文化遗产 …………………………………（5）

（二）传承 ……………………………………………………（6）

（三）协同创新 ………………………………………………（6）

（四）学校社团 ………………………………………………（7）

四、文献综述 ……………………………………………………（8）
　（一）体育非物质文化遗产传承的相关研究 ………………（8）
　（二）学校开展体育非物质文化遗产传承的相关研究 ……（15）
　（三）文化传承与协同创新的相关研究 ……………………（21）
　（四）学校社团开展体育非物质文化遗产传承的相关研究 …（22）
　（五）文献评析 ………………………………………………（23）

五、研究思路与框架 ……………………………………………（24）
　（一）研究思路 ………………………………………………（24）
　（二）研究框架 ………………………………………………（24）

六、研究方法与创新 ……………………………………………（25）
　（一）研究方法 ………………………………………………（25）
　（二）研究创新 ………………………………………………（29）

第二章　体育非物质文化遗产学校社团传承的价值追寻 ………（31）

一、对体育非物质文化遗产项目传承的价值 …………………（33）
　（一）学校社团是培养体育非物质文化遗产传承人的重要基地
　　　………………………………………………………………（33）
　（二）助推体育非物质文化遗产的创造与创新 ……………（34）

二、对促进学生全面发展的价值 ………………………………（34）
　（一）健体、修身、养性 ……………………………………（34）
　（二）思想道德濡化 …………………………………………（36）

目录

三、对建设校园文化的价值 ……………………………（37）
 （一）对校园文化建设的导向性 ……………………（37）
 （二）丰富校园文化的内涵 …………………………（38）
四、对凝聚民族精神的价值 ……………………………（38）
 （一）促进学生的民族文化认同 ……………………（38）
 （二）提升青少年民族凝聚力 ………………………（39）

第三章　体育非物质文化遗产学校传承的现状及问题 …………（41）

一、学校开展体育非物质文化遗产传承的现状 …………（42）
 （一）学校开展体育非物质文化遗产传承的形式、内容及评价
　　　………………………………………………………（42）
 （二）参加校内外活动的情况 ………………………（48）
 （三）体育非物质文化遗产学校传承的实然保障状况 …（54）
二、当前学校传承体育非物质文化遗产的问题审视 ……（65）
 （一）人文教育价值的疏离 …………………………（65）
 （二）传承路径单一 …………………………………（66）
 （三）学校传承的保障措施乏力 ……………………（69）

第四章　体育非物质文化遗产学校社团传承的理论基础 ………（75）

一、协同创新理论概述、特征及原则 ……………………（76）
 （一）协同创新理论概述 ……………………………（76）

3

（二）协同创新的特征及基本原则 …………………………（79）

二、体育非物质文化遗产学校社团传承与协同创新的联系 ………（80）

　　（一）体育非物质文化遗产学校社团协同创新传承的实施前提
　　　　………………………………………………………………（80）

　　（二）体育非物质文化遗产学校社团协同创新传承的达成原理
　　　　………………………………………………………………（81）

三、体育非物质文化遗产学校社团协同创新传承的内涵及特征
　　……………………………………………………………………（83）

　　（一）体育非物质文化遗产学校社团协同创新传承的内涵
　　　　………………………………………………………………（84）

　　（二）体育非物质文化遗产学校社团协同创新传承的特征
　　　　………………………………………………………………（85）

四、体育非物质文化遗产学校社团协同创新传承设计与实施的
　　核心要素 …………………………………………………………（87）

　　（一）统筹与合力 ………………………………………………（87）
　　（二）创造与创新 ………………………………………………（92）
　　（三）信任与沟通 ………………………………………………（93）

第五章　体育非物质文化遗产学校社团传承的设计 ……………（95）

一、传承目标的设定 …………………………………………………（96）

　　（一）传承目标设置的依据 ……………………………………（96）
　　（二）传承目标的内容 …………………………………………（98）

二、传承内容的选择 …………………………………………（99）

 （一）传承内容选择的原则 …………………………………（100）

 （二）体育非物质文化遗产传承的具体内容 ………………（102）

三、传承路径的规划 …………………………………………（103）

 （一）搭建传承平台 …………………………………………（103）

 （二）拓展传承面 ……………………………………………（105）

 （三）协调传承参与主体间的关系 …………………………（105）

 （四）建设传承项目的特色校园文化 ………………………（107）

四、传承效果的评价 …………………………………………（109）

 （一）传承效果评价的主体 …………………………………（109）

 （二）传承效果评价的内容 …………………………………（110）

 （三）传承效果评价的方法 …………………………………（112）

五、体育非物质文化遗产学校社团传承的保障措施 ………（113）

 （一）建立健全资金支持制度 ………………………………（113）

 （二）营造政策与人文环境 …………………………………（114）

 （三）培养传承参与的主体，实现功能互补 ………………（115）

第六章 体育非物质文化遗产学校社团传承的实践 …………（117）

一、传承方案的制定 …………………………………………（118）

 （一）个案研究对象的选择 …………………………………（118）

（二）个案进入的方式与建立研究者的伙伴关系 …………（124）
　　（三）资料收集与整理分析 …………………………………（129）
　　（四）研究效度与伦理 ………………………………………（130）

二、传承方案的实施 ………………………………………………（131）
　　（一）社团教学 ………………………………………………（131）
　　（二）社团活动 ………………………………………………（143）
　　（三）社团建设的保障措施 …………………………………（164）

三、传承方案的实施效果 …………………………………………（180）
　　（一）参与传承学生取得的成效 ……………………………（181）
　　（二）传承指导教师的收获 …………………………………（185）
　　（三）其他参与主体达成的效果 ……………………………（185）

第七章　传承建议、研究不足与展望 …………………………（189）

一、传承建议 ………………………………………………………（190）
　　（一）激发学校教师参与传承的主动性，加强学习与培训
　　　………………………………………………………………（190）
　　（二）提升民间艺人的传承指导能力 ………………………（190）
　　（三）探索社会力量与学校社团传承合作的有效形式 ……（191）
　　（四）强化相关政府部门之间的协同 ………………………（192）
　　（五）构建评价体系，及时评估与预警 ……………………（193）

二、研究不足 ……………………………………………（193）

三、研究展望 ……………………………………………（194）

参考文献 ………………………………………………………（196）

附录 ……………………………………………………………（213）

第一章 绪论

一、研究背景

（一）对儿童青少年进行优秀民族文化传承的时代诉求

2016年5月17日，习近平总书记在哲学社会科学工作座谈会上强调"博大精深的中华优秀传统文化是我们在世界文化激荡中站稳脚跟的根基"。2017年1月，中共中央办公厅、国务院办公厅印发《关于实施中华优秀传统文化传承发展工程的意见》，要求将中华优秀传统文化"贯穿国民教育始终"。确保民族特性、民族精神的代代相传，是每一个民族不可回避的重要任务，而对优秀民族传统文化的保护、研究与发展，就是一种有力地唤醒人们民族精神传承意识的极好方法。

学校传承体育非物质文化遗产是对青少年民族情感的有效培育，通过丰富多彩的运动表现形式，让学生在身体力行中体验与领悟民族文化的精髓与魅力；参与体育非物质文化遗产器材制作、技术技巧学习、展演与交流，将传统体育文化中蕴藏的道德观念、文化信仰等作为参与者的行为准则，潜移默化中使他们形成对本民族文化的认同，激发民族和国家情感，使爱国教育、民族凝聚培育落到实处。

（二）体育非物质文化遗产传承的需求

体育非物质文化遗产作为民族传统文化的优秀载体之一，具有浓郁的地方思维习惯及生活方式，是个体形成地方性情感的重要载体，进入工业化、信息化时代，体育非物质文化遗产遭遇了严重危机，掌握这些文化与技术的老艺人渐渐逝去，这些鲜活的民族文化精华已经或是将要随之灭绝，成为博物馆里的展品，或是保存的文字、影像资料，更有甚者沦落为"坟墓里的绝唱"。全国政协委员、中国民间文艺家协会主席冯骥才说："民间文化的传承人每分钟都在逝去，民间文化每一分钟都在消亡。"

在当前国家已对相关的非物质文化遗产进行大力挖掘整理的背景下，保护的目的不是静态的保存，而是需要体育非物质文化遗产自身的生命绵延，传承发展才是最好的保护。体育非物质文化遗产传承必须要活态传承，人是传承的关键，只有人的参与才能确保该项目不会消失灭绝。随着社会格局和文化生态的变迁，单一的口传心授已难以担负维系体育非物质文化遗产薪火相传的重任，通过学校传递非物质文化遗产的知识、培养非物质文化遗产的传承人成为共识。《保护非物质文化遗产公约》明确指出通过教育传承"确保非物质文化遗产生命力"，《中华人民共和国非物质文化遗产法》要求"学校应当开展相关的非物质文化遗产教育"，弥补非物质文化遗产传统自发式传承的不稳定性和脆弱性。

（三）学校社团开展体育非物质文化遗产传承的需要

通过实地考察与文献分析，体育非物质文化遗产的校园传承，依托学校社团开展传承是当前许多体育非物质文化遗产传承的最佳选择。学校社团作为学生活动的主要阵地，其灵活、开放、包容、创新等特性有别于课堂教学，越来越受到学生的青睐。学生社团特定的方向性和个性化色彩将会使社团成员在共同的氛围中相互切磋，相互捉进，在这一过程中，社团成员可以取人之长，补己之短，甚至有可能推进传统技艺的新发展，实现非物质文化遗产的创新[1]。

然而通过实地调查及文献分析发现，传承的实效性与预期尚有较大差距。针对当前体育非物质文化遗产学校传承的现状，需要深入思考，在学校社团开展体育非物质文化遗产传承过程中，如何保持技术与文化传承等的整体性与本真性？如何结合学生身心特征对传承内容进行选择与再建构？如何实现学校、社区、家庭之间的传承联动？学校社团传承活动如何设计与实施？学校社团传承的相关利益主体之间如何协同？如何评价学校社团开展体育非物质文化遗产传承所取得的效果？

---

[1] 唐雯，邱璟. 试论高校学生社团的文化功能——兼论学生社团对非物质文化遗产的保护[J]. 山西师范大学学报：社会科学版，2012，39（6）：146-149.

"创新、协调、绿色、开放、共享"是当今时代的发展理念，汇聚社会各方资源，共同传承弘扬中华优秀传统体育文化是当今时代的必然趋势。学校社团开展体育非物质文化遗产传承，应结合项目的技术特点、历史沉淀及区域文化生态制定科学可行的传承与推广方案，这是学校社团传承的相关利益主体面临的一项重要且紧迫的任务。单打独斗已很难在全球化与信息化时代得以完美生存，团队协作方可绝处逢生，在体育非物质文化遗产学校社团传承过程中，协调好整体系统中各个要素的资源，注重整体效能。制定共同传承发展的目标，围绕目标达成统一部署、全局谋筹、整体推进，各传承利益相关主体将资源高度整合，在人力、物力、信息、技术等方面协同共享，形成整体合力。

二、研究目的与意义

（一）研究目的

通过体育非物质文化遗产学校社团传承方案的设计和实践验证，为体育非物质文化遗产的传承提供新的思路和路径选择，也为同类研究提供借鉴。

（二）研究意义

1. 理论意义

学校社团开展体育非物质文化遗产传承本质是社会与个体的现实需求，需要学校社团传承的相关利益主体发挥各自优势，汇集传承资源，实现主体深度协作，但已有相关方面的研究在理论上不够深入系统。本研究将协同创新理论用于指导学校社团开展体育非物质文化遗产传承的设计，对体育非物质文化遗产依托学校社团传承的核心要素深入研究。以参与者与研究者的双重角色，开展传承实践，深化对体育非物质文化遗产学校社团传承的本质及规律的认识，丰富非物质文化遗产传承方面的理论。

2. 实践意义

实地考察体育非物质文化遗产学校传承的现实状况，分析当前学校传承开展的成效及困境，从协同创新视角，探寻优化传承的实施路径。选择个案开展传承实践，旨在为体育非物质文化遗产依托学校社团传承开展研究提供典型个案，有利于为此类研究提供参考和借鉴。在协同传承体育非物质文化遗产的过程中，促进项目的传承与推广，增强民族凝聚力，有利于民族文化的繁荣。

三、概念界定

（一）体育非物质文化遗产

2003年10月17日，在巴黎举行的"联合国教育、科学及文化组织第三十二届会议"正式通过的《保护非物质文化遗产公约》将"非物质文化遗产"定义为被各社区、群体，有时为个人，视为其文化遗产组成部分的各种社会实践、观念表述、表现形式、知识、技能及相关的工具、实物、手工艺品和文化场所[1]。2005年国务院办公厅颁布的《关于加强我国非物质文化遗产保护工作的意见》的附件《国家级非物质文化遗产代表作申报评定暂行办法》将"非物质文化遗产"界定为各族人民世代相承的、与群众生活密切相关的各种传统文化表现形式（如民俗活动、表演艺术、传统知识和技能，以及与之相关的器具、实物、手工制品等）和文化空间。

通过分析以上两个权威文件，它们对非物质文化遗产概念的论述有很多相同点，本研究赞同以上两个文件对于非物质文化遗产的定义，认为"体育非物质文化遗产"是各族人民世代传承、与群众生活密切相关的各种传统体育文化表现形式及相对应的文化空间。这种形式包括传统体育技术、表演艺术、器械与服饰制作工艺及其内在蕴涵的文化精神等内容。

---

[1] 王文章.非物质文化遗产概论[M].上海：文化艺术出版社，2006：52.

（二）传承

传：传授，递交，由一方递交给另一方，上代授给下一代；把本领、知识技能等授予他人；散布，推广[1]。传递，传授；推广、散布[2]。承：在下面接着；接受，担当；继承，接受[3]。承担，担当；继续，连接[4]。对于"传承"一词的解释，为"口传，口头相传，世代相传"[5]。"日本民俗学之父"柳田国男解释"传承"为人类特有的传递能力和机制，以及在人类社会代与代之间文化的传递和群体与群体之间文化的传播[6]。"传承"是一个动态的教育过程，是代际之间、同代间或群体间的接续和联系的手段，是社会生产和社会生活得以延续和发展的途径[7]。

综合已有研究对传承的阐释，本研究认为"传承"是人类代际间、同代间或群体间的传递和传播，包含传授和继承，也有适应与创新。

（三）协同创新

Peter Gloor提出协同创新的概念为"由自我激励的人员所组成的网络小组形成集体愿景，借助网络交流思路、信息及工作状况，合作实现共同的目标"[8]。陈劲在其专著《协同创新》中将"协同创新"定义为通过国家意志的引导和机制安排，促进企业、大学、研究机构发挥各自的能力优势、整合互补性资源，实现各方的优势互补，加速技术推广应用和产业化，协作开展产业技术创新和

---

[1] 新华大字典编委会.新华大字典[M].北京：商务印书馆国际有限公司，2015：128.

[2] 魏励.中华大字典[M].北京：商务印书馆国际有限公司，2014：133.

[3] 新华大字典编委会.新华大字典[M].北京：商务印书馆国际有限公司，2015：107.

[4] 魏励.中华大字典[M].北京：商务印书馆国际有限公司，2014：107.

[5] 陈涛.日汉大辞典[M].北京：机械工业出版社，1991：1263.

[6] 柳田国男.民间传承论与乡土生活研究法[M].王晓葵等，译.北京：学苑出版社，2010：5.

[7] 王冬敏.西双版纳傣族制陶技术传承模式及变迁研究[D].重庆：西南大学，2012：15.

[8] PA Gloor. Swarm Creativity：Competitive Advantage through Collaborative Innovation Networks[M]. New York：Oxford University Press，2006.

科技成果产业化的活动，是当今科技创新的新范式[1]。协同创新过程是各主体在提升自身效率的基础上，通过机制性互动产生效率的质的变化，带来价值增加和价值创造[2]。从微观的角度可将协同创新概述为为实现共同的目标，不同创新主体之间相互配合、合作和整合，发挥各自的优势，获取外部性效应，产生"各种分散的作用，在联合中使总的效果优于单独效果之和"，即"1+1>2"的效用，从而降低创新成本，提高创新绩效[3]。

结合本研究的实际，笔者认为"协同创新"是为实现传承的目标，不同传承主体之间相互协同配合，共享资源信息，形成传承合力，扩大传承影响的理念，实现传承目标、传承内容、传承路径、传承评价等要素的有效汇聚。

（四）学校社团

对于"社"的解释，指特定人群，具有共同的物质条件和生活方式[4]；某个团体或机构[5]。"社"作为群体组织，由来已久，宋朝时期经济发达，城市人口大增，庞大的市民阶层也通过结社组织形式进行娱乐健身和防身自卫，如"角抵社""川弩社""英略社"等，参加结社的成员一起习武练技。"社团"的定义为"各种群众性的组织的总称"[6]。"中国文化寄望以以友辅仁，二三同志，以志趣相结交，分其趣与同道，示其志以躬行，是为社团。"[7]这是曾担任北大校长的许智宏对社团的解释。学生社团的定义是由具有共同兴趣、爱好和特长的学生按照一定的形式自发组织起来，相对独立地开展活动的群众性组织[8]。可以打破年级、系科的界限，可以根据学校的具体情况，利用学生的课余时间，开展各种形式的活动，以交流思想，切磋技

---

[1] 陈劲.协同创新[M].杭州：浙江大学出版社，2012：39.
[2] 饶燕婷."产学研"协同创新的内涵、要求与政策构想[J].高教探索，2012（4）：29-32.
[3] 陈笃钦.协同创新视角下高校党委工作价值及其实现路径[J].福州大学学报：哲学社会科学版，2013，（5）：107-111.
[4] 新华大字典编委会.新华大字典[M].北京：商务印书馆国际有限公司，2015：812.
[5] 魏励.中华大字典[M].北京：商务印书馆国际有限公司，2014：852.
[6] 吕叔湘.现代汉语词典[M].北京：商务印书馆国际有限公司，2002：1116.
[7] 吴明永.高校校园文化建设与学生社团的时代使命[J].教育管理，2007（10）：127-128.
[8] 冼季夏.生态学理论在学生社团建设中的运用[J].学校党建与思想研究，2009（1）：45-46.

艺，互相启迪，增进友谊[1]。

结合以上对社团的解释，本研究认为"学校社团"是学生在自愿参与，且在具有共同兴趣爱好的基础上结成的团体，在不影响学校正常教学秩序的前提下开展学习与交流活动。其组织特征表现为学生自愿参与形成的组织，学生是社团主人；社团活动主题广泛，贴近学校和社区生活；社团活动的基本单元是"活动"而不是"学科"，是集体对各种信息、知识与经验的综合分析应用[2]。

四、文献综述

（一）体育非物质文化遗产传承的相关研究

体育非物质文化遗产作为我国传统文化传承的优秀载体，在全球化时代受到自身发展与外来冲击的双重影响，很多优秀项目不断边缘化，有些逐渐消逝，淡出人们的记忆。如何通过习练体育非物质文化遗产来促进大众身心健康发展、传承民族文化越来越受到学者们的重视。

1. 体育非物质文化遗产传承价值的研究

对体育非物质文化遗产价值的研究，有利于非物质文化遗产在保护与传承过程中的完整性，从整体上认识非物质文化遗产传承带来的益处。体育非物质文化遗产的传承能有效促进文化的多元性与独立性[3]。传承非物质文化遗产能够调整自我精神世界、协调人际关系，在我国传统"天人合一"理念的驱动下，产生强大的民族凝聚力[4][5][6]。遗产与身份认同密切相关，可促进个

---

[1] 王焕勋，等.实用教育大辞典[M].北京：北京师范大学出版社，1995：558.

[2] 石中英.社团活动与社会主义核心价值观教育[J].中国教育学刊，2014（6）：22-25.

[3] 刘晖.全球化对我国体育类非物质文化遗产发展的影响研究[J].体育文化导刊，2015（12）：21-24.

[4] 刘魁立.关于非物质文化遗产保护的若干理论反思[J].民间文化论坛，2004（4）：51-54.

[5] 刘锡诚.非物质文化遗产的文化性质问题[J].西北民族研究，2005（1）：131-139.

[6] 蔡丰明.中国非物质文化遗产的文化特征及其当代价值[J].上海交通大学学报：哲学社会科学版，2006，14（4）：64-69.

体与家庭、区域、国家的文化认同[1]。非物质文化遗产是通过"人"得以施展，传承与发展的核心就是人，注重非物质文化遗产所承载的教育价值与文化价值，是非物质文化遗产的精髓，是民族文化特点的具体表现。

体育非物质文化遗产项目众多，也呈现出显著的地域特征，但体育非物质文化遗产在其诞生与发展过程中一直吸收着民族传统文化的母乳，所以其价值功能具有很多共同点。练习我国传统的蹴鞠能提升习练者的自信心、沟通协调能力，以及团队凝聚力[2]。以中华民族传统文化象征之一的舞龙舞狮为例，虽然其运动的形式不一，但是其意义象征和民族文化价值认同具有高度的一致性，"龙狮文化在一定程度上承担着对社会秩序的强化和族群认同，还具有娱乐与教化功能"[3]；"舞龙运动是对中华文化的弘扬及精髓的诠释"[4]；"培养不畏艰险、勇于拼搏、积极进取的精神"[5]。

体育非物质文化遗产作为民族传统文化的优秀载体，技术动作是其外在表现，本身蕴涵的文化价值与教育功能是其生命绵延的重要原因，一个没有文化内涵的项目很容易被人们所遗忘，同时也体现不出自身特征与价值。已有文献对于非物质文化遗产的价值进行了深入研究，为本研究选择体育非物质文化遗产进校园提供了理论基础。但体育非物质文化遗产作为农业时代的文化精华，在全球化、信息化快速发展的当今社会，是否还能发挥应有的价值，需要相关领域的学者深入研究，即如何使传统的体育非物质文化遗产通过现代转化与创新，达到自我生命的绵延与进化，这也是研究有待深入之处。

2. 体育非物质文化遗产传承主体的研究

非物质文化遗产的传承主体不仅是代表性传承人，还包括家庭、学校、社

---

[1] Howard, Peter. The Rise of Heritage [J]. Asian Anthropology, 2010（9）：1-27.

[2] 孙健，张辉. 传统蹴鞠非物质文化遗产的"文化软实力"解析 [J]. 沈阳体育学院学报，2015，34（1）：135-139.

[3] 焦英奇，刘良超. 民族图腾与国家象征：龙狮运动的文化价值与仪式认同 [J]. 体育与科学，2014，35（1）：104-107.

[4] 毛迪，王智慧，洪晓波. 舞龙运动：民族传统文化传承的载体与价值认同 [J]. 体育与科学，2012，33（2）：29-32.

[5] 张茂林，王美娟，孙红梅. 中华狮崇拜与舞狮运动 [J]. 山东体育学院学报，2006，22（4）：40-43.

会、政府部门、商界、媒体等，这些相关主体共同构成了传承主体[1][2][3]。政府部门在体育非物质文化遗产现代保护传承中，需要承担相应的职责，在非物质文化遗产保护与传承中政府处于主导地位，政府是规则制定、经费保障、秩序监督者，营造适宜非物质文化遗产传承的良好环境是政府部门的重要职责，要从法律法规、传承政策、社会舆论等方面入手，营造社会各界都愿意参与到非物质文化遗产保护中的环境；但是当前还存在管办不分、管理的越位缺位等问题，同时对学者的尊重不够，对民众主动参与的积极性鼓励不够[4][5][6]。针对当前政府的不足，需要"从机制上进行构建，从法律法规的层面保护传承人的经济来源与社会地位，建立数据库与生态传承机制"[7]。

体育非物质文化遗产传承的本质特点是"活态"传承，传承主体是体育非物质文化遗产生命绵延与进化的载体，是保证体育非物质文化遗产能够生存于现代社会环境的重要环节。体育非物质文化遗产传承的主体在现代社会中，应该持有"大主体"观，个体很难对非物质文化遗产进行全方位的传承，需要各个传承主体的协同，发挥各自领域的优势，实现互补共生。相关学者也对此进行了研究，涉及政府、社区、学校、家庭、代表性传承人等相关的传承主体，但多是从某一个主体的视角进行探讨，对于各个主体间的协同传承研究较少，且多为理论上的探索，结合体育非物质文化遗产传承具体实践的研究较为缺乏。这些理论成果是否在实践中能得以很好地执行，需要通过实践来证明，这

---

[1]普丽春,袁飞.少数民族非物质文化遗产教育传承的主体及其作用[J].民族教育研究,2012,23(1):115-121.

[2]王霄冰.民俗文化的遗产化、本真性和传承主体问题——以浙江衢州"九华立春祭"为中心的考察[J].民俗研究,2012(6):112-122.

[3]吴平.区域非物质文化遗产多元保护主体合作共治研究——以黔东南为个案[J].贵州社会科学,2012(12):148-151.

[4]黄旭涛.非物质文化遗产保护中的政府职责研究——基于杨柳青年画保护的调查[J].理论与现代化,2014(2):111-117.

[5]卞俊强.非物质文化遗产保护中的政府责任浅析[J].焦作大学学报,2018(3):119-121.

[6]黄涛.近年来非物质文化遗产保护工作中政府角色的定位偏误与矫正[J].文化遗产,2013(3):8-14.

[7]戚序,王海明.对非物质文化遗产传承人生存环境的思考——以重庆铜梁扎龙世家为例[J].西南大学学报：社会科学版,2011,37(3):111-116.

是当前体育非物质文化遗产主体研究存在的不足之处，本研究将对此进行深入探讨。

3. 体育非物质文化遗产传承内容的研究

对于非物质文化遗产传承的本真性研究，有学者认为保护非物质文化遗产必须与当今生活建立联系[1]，需要领会与传承的是非物质文化遗产蕴涵的精髓和灵韵[2]，要有创新意识，允许新的文艺形式和作品出现，在不改变本真性前提下，探索适应现代社会的非物质文化遗产形式[3]。非物质文化遗产大都是农业社会的产物，但在现代社会的冲击下，传统文化极容易产生变迁甚至消解，社会要前进，事物都会发生演变，包括非物质文化遗产，原生态的民俗是不可能继续存在的。当前相关部门为了解决非物质文化遗产传承危机，开办了各种非物质文化遗产传承人培训，以期通过组织非物质文化遗产传承人进行研修、研习、培训，帮助非物质文化遗产传承人提高文化艺术素养、审美能力、创新能力。对此，有学者提出了质疑，认为这样的培训在较短年数内就难再找出正宗的非物质文化遗产了，还认为在非物质文化遗产传承中不能用主流文化观念"去粗取精"地改造传统文化[4]。

非物质文化遗产保护"本真性"的研究为非物质文化遗产保护提出了基本的原则与思路，学者们认为所谓"本真性"不是固步自封地保持原来社会形态下的"原生态"，要正确处理好"继承与创新""历史与当代"之间的关系。学者们对本真性的探讨为本研究依托学校传承体育非物质文化遗产的文化选择提供了理论指导。体育非物质文化遗产学校传承过程中如何在保持文化本真性的同时，结合时代需求，在继承的基础上予以创新，是本研究将要深入探索的问题。

---

[1] 王霄冰. 从《祭孔乐舞》看"非物质文化遗产"的舞台表演及其本真性[J]. 民族艺术，2014（4）：134-139.

[2] 白玮，宋洋. 非物质文化遗产保护与传承再识[J]. 社会科学辑刊，2010（6）：66-69.

[3] 康保成. 关于非物质文化遗产的改革、创新及其他[J]. 湖南社会科学，2013（5）：200-203.

[4] 齐易. 非物质文化遗产："尊重、保护"与"提升、改造"孰是孰非？[J]. 文化遗产，2016（5）：16-22.

对于非物质文化遗产保护的整体性研究，需考虑"内容观""环境观""文化生态观""功能观"[1]，要激发民众的创作、生产活力，增强群众参与度，体现文化遗产的公共文化价值[2]。还须从历史与现实结合、地方与国家兼顾的多重维度对地方文化整体特色进行呈现[3]。

这些研究为非物质文化遗产传承过程中内容的选择提供了理论依据，本真性与整体性是非物质文化遗产文化选择须遵循的基本原则。当前在体育非物质文化遗产传承过程中注重外在的运动形式，关注学生对技术动作的学习，忽视了其教育功能与文化价值。如何在体育非物质文化遗产进入学校教育的过程中，注重文化的选择，将体育非物质文化遗产承载的传统文化精髓与技术动作"整体打包"，同时在不改变该项目本真特质的同时，赋予非物质文化遗产新的时代意义，这也符合文化开放性与包容性的特点。

4. 体育非物质文化遗产传承方式的研究

对于体育非物质文化遗产在现代社会中的传承方式较多学者给予了关注。体育非物质文化遗产传承的特点是活态传承，人是传承的关键，口传心授是体育非物质文化遗产的普遍传承途径，但是在当今社会环境下，口传心授已很难担负起传承非物质文化遗产的重任。当今人们越来越依赖信息化带来的科技成果，所以如何利用信息化时代的成果来传承非物质文化遗产成为近年来研究的热点。

日本奥兹大学对日本奥兹地区的活态文化遗产狮子舞设立的数字化保护工程[4]，是通过人机工程学原理，将演员舞蹈动作捕捉下来，把动作参数传给机器人以保持动作的本真性[5]。教科文组织则采用在YouTube上存储非物质遗

---

[1] 王巨山，夏晓晨. 整体性原则与非物质文化遗产保护[J]. 民族艺术研究，2011（3）：5-8.

[2] 高扬元，梁星. 公共文化视角下梁平木版年画整体性保护研究[J]. 重庆大学学报：社会科学版，2018，24（5）：200-207.

[3] 韩成艳. 非物质文化遗产保护的"整体性"理念与实践：基于宁波案例的讨论[J]. 西北民族研究，2016（3）：185-192.

[4] 彭冬梅，潘鲁生，孙守迁. 数字化保护——非物质文化遗产保护的新手段[J]. 美术研究，2006（1）：47-51.

[5] Sheenagh Pietrobruno. YouTube and the social archiving of intangible heritage [J]. New Media & Society，2013，15（8）：1259-1276.

产文化视频的保护方法,并对土耳其Mevlevi Sema仪式的案例进行探讨[1]。

我国对非物质文化遗产保护与传承虽然起步较晚,但是党和国家给予了高度重视,近年来,来自相关领域的学者对非物质文化遗产的数字化问题开展了大量研究。有学者通过分析非物质文化遗产与生存环境的互动关系[2],利用数字化展示媒介进行研究[3],运用动漫手段[4],向成年群体传递真实、确凿、可靠的传统文化知识[5]。当前手机的高度智能化,利用智能手机传承与传播非物质文化遗产受到关注[6],如开发基于网络体感游戏空间技术的京剧体感游戏[7]。这些研究对不同的非物质文化遗产数字化技术做了大量的实证研究和科学实验,为数字化保护提供了强大的技术支持。

在与非物质文化遗产结合的过程中,数字技术也面临着很多无法回避的风险。例如,"数字化传承面临着过度娱乐化、显失本体"[8]"只注重具有视觉冲击效果的新、奇、绝的文化样式,仅限于非物质文化遗产的表层传播"[9]。这些研究指出了数字化保护潜在的问题与困境,推动了数字化保护理论与实践的进一步发展,使其愈发地具有文化的反思性。如何来解决这一矛盾,王明月认为"传承人是非物质文化遗产与数字技术合理衔接的纽带,参与数字化保护的全过程。"[10]

当今社会,学者们将非物质文化遗产保护传承方式中融入现代科技产品,为非物质文化遗产的现代传承拓宽了思路,也符合现代青少年的兴趣爱好。体

---

[1] Sheenagh Pietrobruno. Between narratives and lists: performing digital intangible heritage through global media [J]. International Journal of Heritage Studies, 2014, 20 (7): 742-759.

[2] 谈国新,孙传明. 信息空间理论下的非物质文化遗产数字化保护与传播 [J]. 西南民族大学学报:人文社会科学版, 2013 (6): 179-184.

[3] 张旭. 非物质文化遗产的数字化展示媒介研究 [J]. 包装工程, 2015, 36 (10): 20-23.

[4] 陈少峰. 非物质文化遗产的动漫化传承与传播研究 [D]. 济南:山东师范大学, 2014.

[5] 巫宇军. 非物质文化遗产保护的瓶颈及对策 [J]. 民族艺术研究, 2016 (8): 73-80.

[6] 杨青山,钱晓燕. 非物质文化遗产的手机出版传播路径探析 [J]. 传媒广角, 2016 (8): 74-76.

[7] 谢欣,梁国伟. 基于网络体感游戏空间技术的京剧传播研究 [J]. 文化遗产, 2015 (2): 14-21.

[8] 赖守亮. 数字化手段在非物质文化遗产保护中应用的多维度思辨 [J]. 设计艺术研究, 2011, 4 (1): 35-39.

[9] 常凌翀. 新媒体语境下西藏非物质文化遗产的数字化保护与传承探究 [J]. 西南民族大学学报:人文社会科学版, 2010 (11): 39-42.

[10] 王明月. 非物质文化遗产保护的数字化风险与路径反思 [J]. 文化遗产, 2015 (3): 32-40.

育非物质文化遗产最传统的方式是口传心授,在几千年的师徒传承中,积累了很多丰富有用的经验。当前信息化成果有很多,所以体育非物质文化遗产在进入学校教育时,必须适应人们的生活方式,特别是成长于信息化社会的青少年学生,要关注他们的兴趣所在,而且信息化成果给体育非物质文化遗产的保护与传承提供了更多路径。然而体育非物质文化遗产区别于其他非物质文化遗产之处就是其技术动作的外在表现,运动实践是本质,传统的传承方式不能完全抛弃,其中很多优秀的传承经验是体育非物质文化遗产学校教育过程中不可缺少的。所以当前信息化时代传承体育非物质文化遗产的过程中,在融入信息化成果的同时,必须结合体育非物质文化遗产传统传承的优点。

5. 体育非物质文化遗产传承效果评价的研究

对体育非物质文化遗产传承的评价,可直观判断该项目传承的总体概况,为项目传承的可持续提供评判依据。对非物质文化遗产传承的整体评价进行了研究[1][2][3][4],构建了民族地区体育非物质文化遗产活态传承的绩效评价模型[5],以及构建了传统武术非物质文化遗产评价体系[6],还探讨了民族传统体育非物质文化遗产濒危状态评价的影响因素[7]。

对体育非物质文化遗产传承的评价能有效监测非物质文化遗产的生命力,该领域的研究在非物质文化遗产研究中起步较晚,但当前已引起学者们的高度关注,已有的研究成果也为本研究提供了思路。但依托学校传承非物质文化遗

---

[1] 王肃元. 非物质文化遗产保护水平评价——以甘肃为例[J]. 宁夏社会科学,2012(4):128-133.

[2] 张素霞. 基于利益相关者理论的传统手工艺类非物质文化遗产保护效果评价模型构建和保护体系研究[D]. 北京:北京交通大学,2014.

[3] 冯刚. 基于AHP的世界级非物质文化遗产"玛纳斯"公众认知度研究[D]. 塔里木:塔里木大学,2016.

[4] 闻年富. 湖北体育类非物质文化遗产保护绩效评价研究[D]. 武汉:湖北大学,2013.

[5] 陈炜,高翔. 民族地区体育非物质文化遗产活态传承绩效评价指标体系反模型构建[J]. 青海民族研究,2016,27(4):81-85.

[6] 范铜钢,虞定海. 传统武术传承评价指标体系构建研究——基于非物质文化遗产视角[J]. 中国体育科技,2014,50(6):86-92.

[7] 鲁平俊. 民族传统体育非物质文化遗产濒危状态评价的实证研究[J]. 中国体育科技,2014,34(11):16-26.

产所取得的效能有其自身特征,如何来评价学校传承效能需要在借鉴已有研究的基础上进行深入探索。

当前已有的体育非物质文化遗产传承研究成果,极大地促进了非物质文化遗产保护传承工作的顺利进行并取得良好效果。但研究也存在较多不够深入之处:对于体育非物质文化遗产项目研究倾向于挖掘整理其历史脉络,对于如何将体育非物质文化遗产在传统社会的价值功能转化为适应现代社会需求的形态的研究不够;对于非物质文化遗产传承主体间的关系如何最优化,充分利用各方资源来传承体育非物质文化遗产的研究不够深入;对于体育非物质文化遗产家庭传承与社会传承的没落,研究者们都提出将学校教育作为当代体育非物质文化遗产重要的传承路径,但提出的多是理论描述,对于如何进入现代教育体系,将达成什么样的效能等的研究较为缺乏。这为本研究拓展了研究方向、研究思路和研究空间。

(二)学校开展体育非物质文化遗产传承的相关研究

文化的传承与社会的变迁是当前体育非物质文化遗产传承所必须正视的问题,如何通过学校教育来解决这一问题引起了较多学者的关注。

1. 学校开展体育非物质文化遗产传承价值的研究

将非物质文化遗产纳入到课程资源中去,能够让学生形成文化自觉,养成和而不同的正确文化观[1]。发挥教育场所的职能,实现体育非物质文化遗产保护管理的系统化、规范化[2]。开发体育非物质文化遗产地方课程资源,形成三级课程资源体系[3]。促使传统体育教学反思,深化教学改革[4][5]。民

---

[1] 王玉萍. 论少数民族非物质文化遗产传承纳入课程资源的必要性[J]. 贵州民族研究, 2013, 34(4): 167-169.

[2] 于璨, 陆秀春. 民族地区学校非物质文化遗产教育实践的人类学透视——以桂西D与X小学为例[J]. 民族艺术, 2014(3): 162-165.

[3] 李桂云. 学校教育在非物质文化遗产保护中的地位与作用[J]. 江苏师范大学学报:教育科学版, 2013, 4(1): 91-93.

[4] 邵玉萍. 民族传统体育非物质文化遗产的高校教育传承保护研究[J]. 广西师范大学学报:哲学社会科学版, 2011, 47(6): 115-118.

[5] 杜银玲, 段全伟, 姜凯. 我国学校武术中仪式化教育的缺失与重构[J]. 体育文化导刊, 2018(10): 143-147.

族传统体育项目便于开展，并与现代学校体育形成互补[1]，具有重要的教育价值[2][3]。此外，在学校开展非物质文化遗产还有利于发展学生的运动个性和创新能力[4]。提高学校名气和教学质量，丰富学校体育教学资源，有利于打造特色校园文化，增强学生自信、促进校园和谐[5]。

关于传承价值的相关研究为本研究分析体育非物质文化遗产学校传承价值提供了参考，学校传承体育非物质文化遗产对校园文化建设、学生传统文化培育、青少年身心健康促进、体育非物质文化遗产项目自身的弘扬、民族文化软实力的提升等多方面有利，这也是本研究选择在学校开展体育非物质文化遗产传承的目的所在。

2. 学校开展体育非物质文化遗产传承内容的研究

体育非物质文化遗产学校传承受到政府部门的高度重视，但是毕竟在我国起步晚，在学校传承中还存在诸多问题，主要表现在"定位尚不明确，管理不够规范，师资力量不足，缺乏必要的合作与交流"[6]"即使有些学校开设了这些非物质文化遗产项目，但只是纯粹的技术教学"[7]。这种传承现状导致当前非物质文化遗产传承关注更多的是文化遗产本身的传承，忽略了对人的传承，使得"学生仅作为文化遗产的传承对象，学校教育对学生作为文化持有者本身对文化传承的态度不予关注"[8]。今后要注重实际，充分挖掘民间传统

---

[1] 孙永梅，王全军. 民族传统体育融入学校教育的必要性与可行性 [J]. 体育学刊，2012，19（1）：86-89.

[2] 毛鹏. 土家族民间体育进小学体育课堂的研究与实践——以张家界市G小学为例 [D]. 湘潭：湖南科技大学，2017：12.

[3] 叶国森. 永春白鹤拳学校教育传承研究——以永春县中小学开展情况为例 [D]. 福州：福建师范大学，2016：22.

[4] 梁艳. 珍珠球作为校本课程开发的实验研究 [D]. 海口：海南师范大学，2012：10.

[5] 李开会. 仁怀市后山民族中学民族传统体育项目进校园的个案研究 [D]. 贵阳：贵州师范大学，2018：36-37.

[6] 熊湘华. 学校教育视野下的非物质文化遗产传承研究 [J]. 贵州民族研究，2013，34（3）：60-62.

[7] 谭宏. 构建民间美术的教育传承体系——基于非物质文化遗产保护和传承的视角 [J]. 民族艺术研究，2011（3）：155-160.

[8] 郑雪松. 教育人类学视域下的非物质文化遗产传承体制研究——以河南非物质文化遗产的传承为例 [J]. 河南大学学报：社会科学版，2013，53（5）：137-143.

体育项目的教育特性[1]。内容选择方面注重民俗体育教学内容的整体性、考虑中小学生身心的差异性，以及充分考虑农村学校的场地、器材和师资，还要重视学生身体素质的提高[2]。

目前关于学校传承体育非物质文化遗产存在问题有较多的研究，特别提出在非物质文化遗产学校传承过程中文化传承的严重缺失，这是对非物质文化遗产传承的致命打击，体育非物质文化遗产最本质的魅力就是其蕴藏的文化。这些研究为本研究提出的文化与技术并重的理念提供了理论借鉴。

3. 学校开展体育非物质文化遗产传承形式的研究

在推进体育非物质文化遗产进校园中，要调动地方高校的力量，建设非物质文化遗产资源库[3]，积极搭建非物质文化遗产在高校校园内的新媒介传播平台[4]。如何将体育非物质文化遗产纳入学校教育，这是体育非物质文化遗产传承的关键。形式主要有推动师资培养，打造传承教育研究团队[5]；以"第二课堂"的形式培育民族体育精神的延伸载体[6]；改变教学理念，强化文化传播意识，挖掘文化内涵，注重文化渗透[7]；加强学校文化与社会活动的相互交流，实施多样化的教育形式和手段[8]；使校本课程化、课间活动课外训练化、活动表演化[9]。

---

[1] 张晓林，杨一. 民间传统体育项目校园课程化研究——以黄龙溪学校引入"火龙灯舞"为例[J]. 中华文化论坛，2010（2）：153-156.

[2] 宾国宇. 农村学校体育中民俗体育教材化探索——以广西民俗体育板鞋竞速为个案[D]. 桂林：广西师范大学，2011：24-26.

[3] 丁永祥. 高校非物质文化遗产教育论略[J]. 河南师范大学学报：哲学社会科学版，2011，38（2）：251-253.

[4] 陈思琦. 非物质文化遗产在高校校园中的传播研究[J]. 中华文化论坛，2015，（7）：79-82.

[5] 王书彦，张英建，韦启旺，等. 河北省农村学校体育非物质文化遗产教育普及推广研究[J]. 山东体育科技，2016，38（4）：75-79.

[6] 徐英微，孙韬. 原生态民族体育非物质文化遗产在高校教学中的传承研究[J]. 黑龙江高教研究，2014（6）：153-155.

[7] 郭利利. 学校武术教学的文化重塑[J]. 教学与管理，2012，（12）：116-117.

[8] 路展宇. "类体育"非物质文化遗产在中小学校体育教育中活性传承的探究——以山东省淄博市为例[D]. 兰州：兰州理工大学，2014：29.

[9] 陈曙，罗永华. 论民族传统体育在中小学的传承与发展——以湘西凤凰中小学开展"花鼓舞"为例[J]. 贵州民族研究，2012，33（3）：173-177.

依托学校教育传承体育非物质文化遗产，其开展形式、资料挖掘整理、推广传播等都需要结合学校教育与非物质文化遗产两者的特征，使得在民间自然传承的体育非物质文化遗产适应学校传承。

非物质文化遗产的分布在空间上具有地域性，而在传承上则具有活态性，不仅具有特定的空间，还有特定的人群，对于非物质文化遗产的认知，只有分布在特定人群家乡的非物质文化遗产，对其才具有格外重要的文化意义和传承价值，所以在教育传承过程中，那些来自非物质文化遗产传承地域的传承者具有得天独厚的优势：理解、语言与文化认知的便利[1]。

地域性是非物质文化遗产的主要特征之一，已有的研究中，学者们认为地方民众对于传承地方非物质文化遗产有诸多优势，有深厚的民众文化基础与地方文化认同。这些研究为本研究选择地方优秀体育非物质文化遗产并依托地方学校传承提供了思路。

将非物质文化遗产信息化成果运用于教育实践，能改变当前非物质文化遗产教育的传统方式，可拓宽传承方式，提高受众的学习兴趣。还有研究利用技术手段对舞蹈的运动技巧和动作进行捕获，并将其运用到舞蹈教育领域及多媒体教学产品开发中[2]。此外，还可开发三维虚拟交互平台，将美术手工艺品和雕刻等传统工艺进行数字化展示和示范教学[3]。我国十分重视将现代信息化成果运用于教育实践，《国家中长期教育改革和发展规划纲要（2010—2020年）》指出，"推进数字化校园建设，实现多种方式接入互联网。"所以非物质文化遗产进入学校教育就应搭上信息化快车，栗红建研究认为，"民间艺人或传统音乐传承人可以借助信息技术将自己的所思所想所感传递和分享出来"[4]。有研究表明，"在MOOC翻转课堂教学模式下，学生的武术成绩与

---

[1] 李琦. 家乡：非物质文化遗产教育传承的支点[J]. 西南大学学报：社会科学版，2008，34（4）：163-165.

[2] Aspasia Dania, Dimitrios Hatziharistos, Maria Koutsouba. The use of technology in movement and dance education: recent practices and future perspectives[J]. Procedia Social and Behavioral Sciences，2011（15）：3355-3361.

[3] Marcello Canozzino, Alessandra Success, Rosario Leopardi, and so on. Virtually preserving the intangible heritage of artistic handicraft[J]. Journal of Cultural Heritage，2011（12）：82-87.

[4] 栗红建. 信息时代下中国传统音乐教学与传承之新探——以当下中国的"慕课"实践为例[D]. 北京：中国音乐学院，2016.

满意度明显优于传统教学模式。"[1]通过教学实践的验证，发现主要用于理论教学的现代信息技术对于体育术科教学同样有效，为体育术科结合现代化技术打开了思路。

信息化是当今社会的主要特征之一，学者们对如何结合信息化技术运用于体育非物质文化遗产学校传承研究的理论与实践成果为本研究提供了参考。信息化技术运用于体育非物质文化遗产学校传承，能将有限的空间扩大，使校内、校外共同进行，还能使传承的时间从课堂延伸到课外。但是当前体育非物质文化遗产学校传承过程中的信息化技术运用较为缺乏，且多为理论探讨，对于将这些理论成果运用于学校传承实践需要深入系统的探索。

4. 学校开展体育非物质文化遗产传承保障的研究

学校开展体育非物质文化遗产传承，师资是关键。师资建设的制度保障——学校教学管理部门要重视对武术师资的再培训[2]，要以课堂教学为本，将传统文化进校园贯穿于人才培养的全过程，以网络教学补充师资专业水平的不足[3]，加大师资力量的建设力度[4]，加强传统民族体育教师的岗位培训，增进学校民族传统体育教师的互动交流[5]。

在传承保障方面，存在缺乏科学有效的评价机制、学校领导不重视、缺乏有力的监督体制、缺乏有力的保障机制等问题[6]，政策导向不够深入，组织机构不完善[7]，环境改善、资源投入、机制优化、内容创新、效益评价等都

---

[1] 刘珺. MOOC翻转课堂教学模式的构建与实验研究——以高校武术选项课为例[J]. 广州体育学院学报，2016，36（2）：121-123.

[2] 刘文武. 传统武术进入我国学校系统的必要性及其途径研究[J]. 北京体育大学学报，2013，36（1）：97-101.

[3] 姜霞，黄繁，柏超，等. 地方武术进校园探究——以陕西传统红拳进校园为例[J]. 教学与管理，2018（9）：41-44.

[4] 王忠孝. 少数民族传统体育融入学校体育的重要性及方法探析[J]. 教学与管理，2013（11）：154-156.

[5] 臧卫国. 学校传统民族体育师资培养的现状与思考[J]. 教学与管理，2016（5）：65-67.

[6] 邓安成. 少数民族传统体育进校园效果研究——以都匀市、荔波县中小学为例[D]. 贵阳：贵州师范大学，2016：26-31.

[7] 王永忠，余艳燕. 渝东南地区少数民族传统体育进入学校的理性思考[J]. 西南师范大学学报：社会科学版，2011，36（5）：244-247.

需要加强[1]。针对这些问题，需建立"政策保障—学校实施—社会强化"三维一体的保障体系[2]，建立以家庭教育为基础、学校教育为主导、社区教育为核心的综合机制[3]，建立相关管理部门与学校的合作机制，营造体育类非物质文化遗产校园传承氛围，设立专门的非物质文化遗产基金课题，建立体育类非物质文化遗产校园传承的校内外实践基地[4]。此外，还要构建由体育经费、领导观念、师资队伍、项目特点、科研发展组成的"民族传统体育项目课程建设"的实践模式[5]。

前人对文化传承、变迁与教育应对的研究成果为本研究提供了有用的理论与实践思路，为了解当前体育非物质文化遗产教育传承的现状与问题，以及问题的成因与如何有效解决这些问题提供了参考。文化体现出动态与包容的特点，中华传统文化几千年的传承也是随着时代的变迁而变化的。非物质文化遗产作为民族传统文化的精髓，要想其生命得以绵延，就必须顺应时代的发展。社会的快速变迁对体育非物质文化遗产的传承提出了严峻的考验，传统的师徒传承与社会传承在当今社会受到很大的冲击，学校教育作为青少年文化学习的主要阵地，就必须承担起民族文化传承的重担。学校拥有各种教育资源，也有能力承担传承非物质文化遗产的重任。体育非物质文化遗产进校园是相关部门的要求，但实际的教学效果远未达到预期，主要体现在教学内容的选择只注重技术表现形式，教学手段简单落后，组织形式单一等。要想改变这一困境，须重新审视体育非物质文化遗产的学校传承，从传承的目标、内容、实施、评价等方面进行优化。

---

[1] 张朋，郑小凤，万宇，等.民族传统体育项目进校园路径分析[J].体育文化导刊，2017（4）：60-64.

[2] 姜南.传统武术对青少年身体的规训与救赎[J].沈阳体育学院学报，2016，35（2）：123-127.

[3] 肖谋远，韦晓康.少数民族传统体育文化传承与教育路径研究[J].西南民族大学学报：人文社会科学版，2014（7）：218-221.

[4] 王庆庆.体育类非物质文化遗产之校园传承研究——基于湘西高校的调查[D].吉首：吉首大学，2016：32-34.

[5] 范安辉，冯强，董德龙，等.民族传统体育项目课程建设实践探索——以重庆澄江小学"板凳龙"为个案[J].山东体育科技，2013，35（6）：89-93.

（三）文化传承与协同创新的相关研究

有学者将协同创新理论融入文化传承进行研究。从协同创新视角分析非物质文化遗产传承人的培训模式发现，要从增强传承人传承意愿、提升传承人传承能力、优化传承的外部环境三方面实现协同合作[1]。民间文化传承需搭建"学校—社区—家庭—媒体"四位一体的协同创新传承体系[2]。建立文化协同创新团队，建设学科基地与人才培养基地，实现人才、科研、学科的协同创新[3]。此外，还可以通过艺术创意、健全学科、组织学生参与传承的社会实践、融入校园文化几个方面出发，对非物质文化遗产进行协同创新的保护与传承[4]。建设"点—轴—面"延展创新机制，融合区域发展理念，创新培育新增长点等几个维度也能使文化协同传承[5]。高校与地方还可共建协同创新平台解决文化传承困境[6]。

协同创新的基本理论，以及当前在文化传承与体育方面运用协同创新理论的已有研究，为本研究提供了借鉴，但关于体育非物质文化遗产传承与协同创新相结合的研究极为缺乏。学校开展体育非物质文化遗产传承实践能否可持续及取得较好的传承效果，我们可运用协同创新理论进行指导，使传承相关利益主体之间建立良好的协作关系，促进传承系统的有序发展，使得原本系统中的各要素由简单无序态转化为复杂有序态，减少了传承资源的内耗，统筹资源，共用共享。此外，要充分考虑传承相关利益主体的传承诉求，在体现各自领域

---

[1] 万兆彬. 基于协同创新的少数民族非物质文化遗产传承人培养模式研究[J]. 青海民族研究，2017，28（2）：71-75.

[2] 林朝虹，林伦伦. 潮汕民间文学多模态传承体系的构建及其传播路径[J]. 文化遗产，2016（1）：96-103.

[3] 王珊. 协同创新助推泉州南音传承发展[J]. 中国音乐，2014（4）：257-259，261.

[4] 谭会敏，张志全. 高等教育改革视阈的国粹艺术保护与传承[J]. 社会科学论坛，2014（5）：219-223.

[5] 王肃元. 华夏文明传承与创新的协同研究——以甘肃省为例[J]. 甘肃社会科学，2013（5）：135-139.

[6] 王向东. 协同创新视角下高校与"青州花毽"共建创新平台的途径及措施[J]. 山东体育科技，2014，36（4）：9-13.

优势的同时，发现自身存在的不足，融合互补，放大效能，也有效改善传承主体间原本存在行政级别差异与领域专业不同的藩篱，实现自我调控，使传承系统稳定发展，传承效能最大化。

（四）学校社团开展体育非物质文化遗产传承的相关研究

学生社团是非物质文化遗产保护的重要载体，能促进体育非物质文化遗产传承与保护的创新[1]。当前学校社团开展非物质文化遗产传承主要为在校园内开展非物质文化遗产传承活动、调查非物质文化遗产项目文化与传承人，通过网络平台进行传承互动[2]。依托学校社团开展体育非物质文化遗产传承的过程中，还存在较多困难，如经费不足、专业指导教师缺乏、社团管理不完善、场地器材不足[3]；民间艺人多已高龄，学校一线教师参与学校社团传承较少，教学方式为传统的师徒传承，学生对项目认知度不够等[4]。针对学校社团传承出现的问题，需加强传承区域内学校社团与民间社团之间的联系，推进学校社团与社区的联系，并进行积极的交流与展演[5]；开展非物质文化遗产月、周，邀请传承人与专家学者开展讲座与指导[6]；加强社会合作，拓宽资金渠道，健全社团组织机构，加强与相关机构的交流沟通，建立公开、激励、评估机制[7]；完善创新传承机制和支持保障条件[8]。

---

[1]唐雯,邱璟.试论高校学生社团的文化功能——兼论学生社团对非物质文化遗产的保护[J].山西师大学报：社会科学版，2012，39（6）：146–149.

[2]孙正国.十余年来中国大学"非遗"传承的实践形态[J].文化遗产，2017（1）：11–16.

[3]谭丽萍,马达.广州高校学生社团与校园粤剧粤曲传承研究——以广州大学曲艺社为例[J].大众文艺，2015（3）：236–237.

[4]燕翔.洛阳市中小学河洛大鼓社团运行现状与发展策略研究[D].洛阳：洛阳师范学院，2018：24–39.

[5]王重,李金梅,骆欢.广东省高校龙狮社团与民间龙狮社团共生共进研究[J].体育文化导刊，2016（6）：39–42.

[6]何小青.以非物质文化遗产为载体，繁荣高校社团文化——以福建省非物质文化遗产为例[J].宝鸡文理学院学报：社会科学版，2017，37（3）：38–41.

[7]张长念,孟豪仁,刘晰娟.武术非遗项目白猿通背拳的社团传承研究[J].内江师范学院学报，2018，33（12）：36–41.

[8]闻胜海.高职学生社团创新传承地方文化研究——以地方民间故事为例[J].职教论坛，2017（8）：45–48.

已有关于学校社团开展体育非物质文化遗产传承的相关成果为本研究提供了借鉴，但是已有研究对学校社团开展传承的理论分析与实践探索的成果较少且不够深入及研究视角单一，不能满足当前体育非物质文化遗产依托学校社团开展传承的现实需求。

（五）文献评析

综观已有研究，在当前高度重视文化多元化的背景下，特别是在全球化对传统文化带来的巨大冲击下，如何将本民族优秀传统体育文化进行传承与发展得到了众多学者的关注。从国家出台相关的政策法规与投入大量的人力、财力予以支持，到民俗领域的学者专家的倾心投入与项目传承人的努力，当前对于体育非物质文化遗产的研究取得了较多有用的成果。依托学校传承体育非物质文化遗产得到大多学者的认同，并进行了较多的研究，这些已有成果为本研究提供了有用的理论与实践借鉴。

然而对于体育非物质文化遗产研究来说，目前学校传承理论体系尚不成熟，已有研究多是针对文化形态、传承价值、传承途径等，多以理论阐述的形式体现，以对策建议为主，缺乏一定深度的学理性研究；这些研究较为泛化，从历史脉络、传承谱系、技术、文化内涵、传承现状等多方位着手，结合体育非物质文化遗产项目特征的研究较少，主要以外在技术动作的传承研究为主，忽视了体育非物质文化遗产所蕴涵的文化、礼仪道德等价值，缺乏整体认识与特色探讨；对于研究体育非物质文化遗产学校传承的成果，主要为硕士论文，研究的深度明显不足，导致其研究结果的学术影响力有限。

学校作为社会大系统的组织之一，其生存与发展受到社会各界力量的影响，学校开展传承实践不可能脱离社会而独立存在，所以学校、地方政府相关部门、社区、项目传承人、社会组织、家长等直接或间接影响传承的单位或个人，都是学校开展体育非物质文化遗产传承的相关利益主体，要运用各主体在行政、资金、学术、传播主面的优势，推进体育非物质文化遗产的学校传承。传承主体深度协同、汇集传承资源、积极创新是当前学校传承生态系统的诉求。然而当前已有研究缺乏对将协同创新融入学校传承的思考，多从本学科出发探索传承理论，借鉴其他学科理论的研究较少。

加强和改进体育非物质文化遗产学校传承就必须在目标、内容、实施、评价等方面努力进行创新和改进，分析社会需求与个体需要，使之具有针对性与实效性。围绕传承优秀民族传统文化、促进儿童青少年民族文化认同与文化自信的目标，体育非物质文化遗产学校传承需要协同创新，这是由学校传承中的利益主体多元、传承实践环节丰富多样、传承研究涉及多学科、传承资源多渠道等决定的，要实现最大化的协调衔接，实现资源和信息的共享互通。

五、研究思路与框架

（一）研究思路

第一，通过分析已有文献资料、相关报道，结合实地考察与访谈相关领域的学者、非物质文化遗产传承人、非物质文化遗产管理部门人员、教师等，探讨体育非物质文化遗产的传承途径，寻找当代社会变迁下体育非物质文化遗产依托学校社团传承的价值。第二，实地考察我国具有代表性的体育非物质文化遗产依托学校传承的现状，了解当前体育非物质文化遗产学校传承过程中的成效、困境及问题，分析成功经验对本研究的启示。第三，通过文献研究，分析协同创新理论运用于学校社团开展体育非物质文化遗产传承的特征与核心要素；通过文献资料、访谈、国内成功经验，设计体育非物质文化遗产的学校社团传承体系。最后，以研究者与参与者的双重角色，运用个案研究、访谈、观察、行动研究等方法，开展传承实践。

（二）研究框架

第一章为绪论。通过分析学校开展体育非物质文化遗产传承对青少年的价值、体育非物质文化遗产在当今社会需要依托学校社团传承这一重要途径及当前学校传承中出现的诸多问题，对本研究的背景、研究目的与意义、核心概念界定、研究思路与框架、研究方法与创新等进行分析。对体育非物质文化遗产传承、体育非物质文化遗产在学校开展传承等方面的研究进行综述，探讨前人研究成果对本研究的启示，分析当前学校传承体育非物质文化遗产过程中存在的不足之处，为本研究厘清了的思路。

第二章为体育非物质文化遗产学校社团传承的价值追寻。分析体育非物质文化遗产传承主要途径的特点、功能，以及各传承途径在当前背景下的优点与不足，从学校社团的特征与功能方面探讨传承体育非物质文化遗产的价值。

第三章为体育非物质文化遗产学校传承的现状及问题。通过实地考察我国具有代表性体育非物质文化遗产项目依托学校传承的现状，分析当前体育非物质文化遗产学校传承过程中的成效与问题。

第四章为体育非物质文化遗产学校社团传承的理论基础。通过文献研究，分析协同创新与体育非物质文化遗产学校社团传承的内在关联，以及体育非物质文化遗产依托学校社团传承的特征及核心要素，探讨体育非物质文化遗产学校社团传承的理论基础。

第五章为运用协同创新理论，从传承目标、传承内容、传承路径、传承评价、实施保障五个方面对体育非物质文化遗产学校社团传承进行设计。

第六章为体育非物质文化遗产学校社团传承的实践。以研究者与参与者的双重角色，运用个案研究、田野调查、访谈、观察、行动研究等方法，进行传承实践探索，分析传承实践的效果。

第七章为传承建议、研究不足与展望。

六、研究方法与创新

（一）研究方法

1. 文献资料法

通过对国内外有关的著作、期刊进行查阅和检索，收集了大量与本课题相关的文献资料，了解有关的理论与方法，为选题、理论分析和撰写论文提供参考依据。查阅的文献涉及文化学、民俗学、社会学、教育学、体育学、协同学、创新学、协同创新等，进而对学校社团开展体育非物质文化遗产传承的价值、协同创新理论运用于体育非物质文化遗产学校社团传承的相关理论等进行研究。

2. 实地考察法

实地考察是研究工作开展之前，为获取第一手资料而进行的前置步骤，是实地参与现场的调查研究，指在周密计划下，由研究人员直接到研究相关地点或向被研究人员收集第一手资料的研究方法[1]。本研究通过实地考察，以观察和访谈的方式了解体育非物质文化遗产学校传承的现实状况，了解学校传承实践中的经验、存在的问题及致因、发展障碍及策略，为设计体育非物质文化遗产学校社团传承体系提供经验与启示。

选取实地考察项目及地点的理由如下。

第一，陈式太极拳。陈氏太极拳起源于河南省焦作市温县陈家沟，2006年被国务院列入第一批国家非物质文化遗产名录，是我国传统武术的杰出代表，受到国家和地方政府的高度重视，被定为焦作市初级中学体育课内容之一，而且是中考体育考试的必考内容。选择对焦作市初级中学开展太极拳传承调研，是为了解在政府指令下，体育非物质文化遗产依托校园传承过程中的成功与不足。实地考察时间：2017年5月8日—5月11日。

第二，月山八极拳。八极拳始于清雍正年间，是我国北方拳种的著名代表之一，被列为全国十大优秀拳种，八极拳分布广泛，当前具有代表性、影响力较大的有河南博爱县"月山八极拳"和河北沧州"孟村八极拳"，"月山八极拳"被列入第二批国家非物质文化遗产名录，但未被地方政府列为学校体育课必学内容。对焦作市博爱县学校开展"月山八极拳"的状况进行调研，是为了解与陈式太极拳同为焦作市的著名拳种，重视度却有明显差距，在传承中遭遇了哪些困难？实地考察时间：2017年5月12日—5月16日。

第三，广东醒狮。第一批国家级非物质文化遗产名录中，舞狮有河北徐水舞狮、山西襄汾天塔舞狮、浙江临海黄沙狮子、广东（佛山市、遂溪县、广州市）醒狮，然而纵观现有资料不难发现，四种舞狮运动中唯有广东醒狮备受关

---

[1] 张翠娜. 日常户外体育健身空间要素研究——以哈尔滨为例[D]. 哈尔滨：哈尔滨工业大学，2016：17.

注，广东省广州市非常重视青少年醒狮文化传承，举办青少年醒狮大赛、组织民间艺人开展校园醒狮传承，取得了较好的成效。广州市黄埔区醒狮进校园是以民间艺人主推的形式开展，校园醒狮社团传承探索取得了一定成效，调研其社团传承经验。实地考察时间：2017年8月29日—9月7日。

第四，奉化布龙。奉化布龙因起源于奉化而得名，迄今已有800多年历史，是全国很有影响的代表性龙舞之一，2006年被列入首批中国非物质文化遗产名录，奉化于1996年被文化部命名为"中国民间艺术（布龙）之乡"，为了能使奉化布龙发扬光大，奉化区积极在青少年中开展奉化布龙活动，1998年开始进入地方学校开展传承，在学校传承方面积累了丰富的经验。实地考察时间：2017年9月11日—9月15日。

3. 个案研究法

个案研究是指对某种类型案例的深入调查[1]。本研究通过对体育非物质文化遗产学校社团传承的个案进行微观的分析和研究，获得体育非物质文化遗产在学校社团传承中的效果，分析存在的不足，为类似研究提供借鉴。

4. 访谈法

第一，对非物质文化遗产学校传承为决策的制定者、管理者，包括政府相关部门人员、学校校长等进行访谈，访谈内容主要为其对传承体育非物质文化遗产的态度、相关政策与资源支持等。第二，对具体实施者，包括体育教师、项目传承人、社团负责人等进行访谈，访谈内容主要为学校传承体育非物质文化遗产的缘由、学校传承过程中的困难、传承方法手段的选择、传承的收获等。第三，对学生、家长、社区民众等进行访谈，访谈内容主要为传承参与度、对项目的认知度、参与传承的收获。研究者在访谈时先进行自我介绍，表明访谈的目的，访谈结束后及时将访谈资料转化为文字，并进行整理与分析。

5. 行动研究法

在《国际教育百科全书》中，行动研究被定义为"由社会情境（教育情

---

[1] 黄汉升,周登嵩.体育科研方法导论[M].北京：北京体育大学出版社,2007:235.

境）的参与者为提高所从事的社会或教育实践的理性认识，为加深对实践活动及其依赖的背景的理解而进行的反思研究"[1]，"是实际工作者为研究自己的实验所进行的一种研究方式"[2]，"是对实践活动所采取的小规模的干预，以及对这一干预结果所作的反思或检查"[3]。其目的"不在于建立理论、归纳规律，而是针对教育实践中的实际问题，在行动研究中不断探索、改进和解决"[4]。本研究是关于体育非物质文化遗产学校社团传承体系的设计与实施，"以研究者本人作为研究工具，在自然情境下采用多种资料收集方法对社会现象进行整体性探究，使用归纳法分析资料和形成理论，通过与研究对象互动对其行为和意义建构获得解释性理解的一种活动"[5]，是一种属于实践性、描述性的研究。行动研究较侧重于解释和描述，倡导研究者参与到行动实践中，与实践者建立良好的合作伙伴关系，通过观察、对话、合作，发现问题并予以解决。本研究运用行动研究的方法，研究者参与学校社团开展体育非物质文化遗产传承实践的全过程，这样有利于把握传承的真实状况，为学校社团传承的进一步深入提供依据。本研究借鉴"凯米斯程序"（计划—行动—观察—评价—再计划），设计学校社团开展体育非物质文化遗产传承的活动方案；进行活动实施，对活动进行观察记录；依据活动结束后的资料，评价整个活动。

6. 观察法

运用观察法对学校社团传承实践的情况进行细致的观察，旨在全面系统地了解学校社团开展体育非物质文化遗产传承过程中的现实情景。运用录音、录像、拍摄、文字描述等方式对学校社团开展传承过程中的事件及时间、参与人员等进行观察记录，及时将观察内容转化为文字，并进行整理与分析。

---

[1] 中央教育科学研究所比较教育研究室. 国际教育百科全书[M]. 北京：教育科学出版社，1990：617.

[2] S.凯米斯. 行动研究法[M]. 张先怡，译. 北京：教育科学研究，1994（4）.

[3] 邹芳编. 行动研究——一项值得推广的教育研究方法[J]. 外国中小学教育，1994（2）：12-15.

[4] 韩廷伦. 教育研究方法[M]. 北京：高等教育出版社，2011：237.

[5] 陈向明. 质的研究方法与社会科学研究[M]. 北京：教育科学出版社，2000：21.

（二）研究创新

1. 双重研究视角

本研究通过体育非物质文化遗产学校社团传承的实践，来探索体育非物质文化遗产学校社团传承的方式。采用参与者与研究者的双重视角对体育非物质文化遗产依托学校社团传承过程中存在的问题进行分析，并探寻优化路径。

2. 协同创新理念的引入

将协同创新理论应用于学校社团传承体育非物质文化遗产的实践，是一种尝试，也是一种创新。通过对当前学校开展体育非物质文化遗产传承现状的调研与分析，消解参与学校社团传承的相关利益主体在传承实践中的顾虑与障碍，有助于协同传承参与主体、汇集传承资源，开展丰富多样的传承活动，使理论设计的传承在实践中得以实现。

第二章 体育非物质文化遗产学校社团传承的价值追寻

文化传承是指"文化在民族共同体内的社会成员中作接力棒似的纵向交接的过程"[1]。对于学校社团，《教育大辞典》定义为"学生是在自愿基础上结成的各种群众性文化、艺术、学术团体。不分年级、系科甚至学校的界限，由兴趣爱好相近的同学组成。在保证学生完成学习任务和不影响学校正常教学秩序的前提下开展各种活动。目的是活跃学校学习氛围，提高学生自治能力，丰富课余生活交流思想，切磋技艺，互相启迪，增进友谊。"[2]从定义可知，学校社团开展活动是在课外时间或学校安排的社团专门学习时间进行，不会对学生正常的学习和学校的正常教学秩序产生影响，学校开展学生社团活动的目的就是促进学生成长、满足学生课外活动的需求。

学校社团作为学生活动的主要阵地，具备以下特征。第一，自主性。学生社团作为学生自愿参与组成的团体，社团的内部管理、学习、活动开展等由社团学生自主决定，学校和社团指导教师负责宏观把握和指导学生学习，从而有效激发社团学生的主体意识，促使其积极参与社团活动。第二，群众性。学生社团在招募成员时不会对年级、层次等作出硬性规定，欢迎有着共同兴趣爱好的学生加入，能广纳英才，增强社团活力。第三，灵活性。学生社团活动开展的形式灵活多样，活动的场地可以根据需要而选择；活动过程中，鼓励学生积极参与，各抒己见，使得活动组织形式更具指导性和实践性。第四，隐性教育。社团开展的活动形式多样，能够为学生提供学习、交流、实践体验等丰富的机会，使学生将学到的知识应用于学习和生活实践，潜移默化中受到教化，逐渐加深对所学知识技能的认知，提升自我，培育正确的人生观与价值观[3]。

学校社团的主要功能体现在几个方面：第一，聚合。社团能够将具有共

---

[1] 赵世林.云南少数民族文化传承论纲[M].昆明：云南民族出版社，2002：5.
[2] 教育大辞典编纂委员会.教育大辞典：第1卷[Z].上海：上海教育出版社，1990：225.
[3] 熊兵.高校学生社团建设模式研究[J].教育与职业，2012（29）：39-40.

同目标、理想、兴趣、价值的人聚集在一起，形成一股合力，社团会利用这种合力，帮助成员实现共同的目标或愿景，这就使得社团具有了对内和对外的聚合功能。第二，学习知识技能。社团组织的活动可以丰富成员的知识结构、提高成员的基本技能，促使其自主学习和自我教育，这是社团最基本的功能。第三，社会化。成员不仅在社团中可以学到知识和技能，还可以通过和其他成员的交流、合作，获得心理上的归属感，学习社交技巧和发展人际关系，促进人的社会化[1]。

本研究将从学校社团的特征与功能出发，追寻体育非物质文化遗产依托学校社团传承对项目自身、学生、学校、社会发展的价值。

一、对体育非物质文化遗产项目传承的价值

（一）学校社团是培养体育非物质文化遗产传承人的重要基地

对学生进行体育非物质文化遗产传承，不能仅局限于学校体育课，通过课堂教学向学生传授体育非物质文化遗产的知识，这在培养学生传承保护的主动性与自觉性方面难以达到培养潜在传承人的预期目标。学生社团在传承体育非物质文化遗产时则有明显不同，参与社团的学生是自愿参加，在行为上是主动的；社团教育形式有社团指导教师指导、自我学习、同伴教育、合作学习等，有别于传统课堂的教学；学生之间互尊互助，在地位上是平等的，相互探讨交流，极大增强学生对于体育非物质文化遗产技术与文化的主动学习意识[2]。在社团中，学生将通过同伴教育和自我教育掌握非物质文化遗产的相关知识，了解其意义，进而自主自觉地形成保护非物质文化遗产的意识。近年来学校在办学理念上具有开放的意识，部分学校学生的课外活动不局限于校园内，学校会组织学生参与社区活动，以及地方政府举办的文化、体育比赛。学生社团作

---

[1] 冯昭昭. 大学生社团的价值研究［D］. 武汉：华中科技大学，2016：59-63.
[2] 唐雯，邱璟. 试论高校学生社团的文化功能——兼论学生社团对非物质文化遗产的保护［J］. 山西师大学报：社会科学版，2012，39（6）：146-149.

为专业性较强的学生组织，成为学校组织学生参与校外活动的首要形式，从而让更多的人关注体育非物质文化遗产，形成一种社会保护意识。

学校是学生学习的主要场所，学生身心健康发展与知识技能的获得主要在学校。在学校中，通过文化、技术、礼仪、德行等学习塑造儿童青少年社会主义核心价值观，通过纵向贯穿与横向交流，系统地传承民族优秀传统文化，促进青少年学生形成民族文化认同与文化自信，这种影响的深度与广度是其他教育方式不可比拟的。所以当前学校传承体育非物质文化遗产是时代诉求，借助学校教育的先进方法与理念传承传统体育文化，关注学生个体全面发展的同时，培养体育非物质文化遗产的传承人。

（二）助推体育非物质文化遗产的创造与创新

体育非物质文化遗产是区域文化共同体经过长期凝练而得来的，并在不断的吸收与改变中得以完善，它吸收融合不同时期、不同群体的精髓，是一个活态发展体。所以在传承时，既要有历史的眼光，也要有发展的视野；既要挖掘整理其历史文化内涵，也要结合时代特征赋予新意。对传统体育文化的传承弘扬就是要使传统文化在当今社会快速变迁的背景下获得新生，使其生命更加鲜活，适应时代需求与个体需要。学校社团形式灵活，便于学生相互间交流探讨，学生在发展自身爱好、锤炼和提高自己某一方面技能的同时，不知不觉地成为某一种非物质文化遗产的传承者和保护者。所以"创造性转化与创新性传承"是学校开展体育非物质文化遗产传承的基本原则，也只有这样才能真正实现国家传承优秀民族传统文化的要求。

二、对促进学生全面发展的价值

（一）健体、修身、养性

中华民族历来重视伦理道德，人的言行举止严格受到传统行为规范的约束，伦理道德是衡量一个人成功与否的重要标准。传统体育文化作为传统文化的一个优秀载体，对参与者的道德伦理有着很高要求，习练者需将技术学习、修身养性、德行塑造融为一体，最终达到"内圣外王"的境界。中华民族传统体育项目众多，流派繁杂，但各门各派均讲究养神、养性、养德，在强身健体的基础上，寻求心灵的升华。通过外在运动表现形式来修养个体心志与人格，使外在躯壳修行与内在德行修养协同发展，实现自我实现与超越，进而促进文化共同体协同共生。坚持"以人为本"的"仁本"精神，在项目发展的同时，高度关注人的需要，实现理想人格的全面塑造，将天人合一作为传承指导，重视人与人、人与自然的和谐一统，使健康体质与身心愉悦并重。

当今青少年学生学业压力繁重，出现各种心理疾病，青少年心理健康已经成为学校教育不可回避的问题。运动是促进心理健康的有效方式。我国传统体育内容丰富，源于大众，具有广泛的群众基础和良好的健身、娱乐价值，不同学段或不同水平段的学生可根据自身年龄、技术掌握情况、兴趣爱好等选择适合自己的练习内容。西方体育强调"更高、更快、更强"的竞技精神，重视比赛结果；我国传统体育在"存天理，灭人欲""整体观""合和"等思想的熏陶下，侧重健身与修身的功效。比如传统武术习练者比武切磋时讲究"点到即止"，除非面对十恶不赦之徒，不轻易重伤或致死对手，用擒拿等技巧制住即为获胜，技艺不如人者也心服口服。所以练习传统体育是以身体、技术练习为基本内容，要求身心共同发展。

人类在享受现代社会便捷的同时也在遭受着"文明病"的侵袭，青少年体质健康连续下降已是不争的事实，如何促进在校学生身体健康受到党和国家的高度重视，"健康第一"的需求深入人心，民族传统体育锻炼形式多样、健身效果多元，能满足当前学校促进青少年健康的需求。例如，拳种流派丰富的传统武术、舞龙舞狮、划龙舟、摔跤、射箭射弩、踩高跷、放风筝、导引术、蹴鞠、藤球、荡秋千等运动。学校采用这些传统体育，使学生通过练习技术动作来提升各项身体素质，同时吸收传统体育强调形神兼练、内外兼修的特征，使人体达到身心和谐、阴阳平衡。有学者对中小学生进行为期10周的八极拳、功夫扇健身组合干预，结果表明运动干预对学生心血管系统、腹肌力量、平衡能力、身体柔韧性、反应能力、下肢力量及爆发力具有明显的促进作用，同时对提高中学生的自信心和身体自我效能感水平有较好的影响[1]。

（二）思想道德濡化

教育部2014年印发的《完善中华优秀传统文化教育指导纲要》指出：中华优秀传统文化凝聚着中华民族普遍认同和广泛接受的道德规范、思想品格和价值取向。中华传统文化是伦理型的文化，追求人格完美和德行塑造，蕴涵的思想价值观极具现实意义。体育非物质文化遗产中有着优秀民族传统文化的精髓，将"自强不息""厚德载物"作为传统体育文化的精神内核，以"知行合一""阴阳学说""气一元论"等作为传统体育文化的哲学基础，形成了重德尚礼、中庸平和、积极向上、内外兼修的文化意识形态。

亚里士多德认为，"伦理德性则是由风俗习惯沿袭而来"。体育非物质文化遗产是儿童青少年深入、系统、全面了解地方及国家文化源流、道德习俗、价值观念的优秀载体，可弥补传统教学的不足。在学校教育中，要有效利用地方或中华民族传统节日的仪式流程，让青少年体验传统体育文化之本源，在实景中践行优秀伦理价值观念。通过实践参与，规范与塑造青少年学生的思想道德、行为习性、礼仪修养等，使得传统道德说教转变为生动、具体、感染力强的体验式濡化，在潜移默化中规范自我德行，实现个体内在的升华。

将体育非物质文化遗产作为校园德育的重要手段，拨正西方文化入侵背景下我国儿童青少年思想道德、价值观念的偏航。要深入挖掘整理体育非物质文化遗产的思想道德、价值观念的内涵，结合时代需要，清晰其现代德育内容，形成新时代青少年的德育符号与集体记忆，从而达到学校传承体育非物质文化遗产与道德教育的初衷。

作为区域共同体所创造的集体智慧结晶，很多项目展演需要众多参与者，要求演练者协同一心、激情演绎，方可引起观众共鸣，所以体现的是集体文化成果，内生出文化共同体的集体主义价值追求。同时体育非物质文化遗产经过历史沉淀，包含了丰富的艺术技巧和个性鲜明的艺术形式，通过表演者的倾情

---

[1] 陶萍. 运动健身干预方案促进中、小学生身心素质提升的实验研究[J]. 中国体育科技，2012，5（48）：116-126.

奉献，与现场观众心灵联通，使观众在潜移默化中领悟传统文化的道德价值内涵。

例如风靡于浙东的国家级首批非物质文化遗产"黄沙狮子"，其表演融合武术、舞狮、杂技，并将46张八仙桌搭成9层高塔，完美展现传统舞狮的"高、难、险、美"。练习黄沙狮子的首要条件就是要有无私奉献、团结友爱的品质，因为整个高塔搭建由八仙桌逐层垒叠而成，每层塔台由队员手脚支撑予以固定。原因有二，第一是因为在高塔塔顶需完成各种倒立等惊险动作，高塔整体重量太轻易倾倒；第二是由人固定可以及时调节高塔在表演过程中变形等问题。所以要求高塔固定队员和技巧表演队员之间有绝对的信任，二者是一个整体，任何一个位置出现失误都将导致严重后果，集体观尤为重要。作为"舞武一体"的黄沙狮子，单个武术表演、跳桌、高塔倒立等动作，完美体现出个人的高超技艺，可以让习练者体验个性张扬，并在个体技艺展示的基础上塑造集体意识和集体荣誉感。"冬练三九、夏练三伏"是掌握传统体育精湛技艺的必经之路，需要习练者持之以恒的态度攻克学习过程中所面对的艰难险阻，磨练习练者的意志与心性，儿童青少年在参与、欣赏过程中了解、体验、认知、认同传统体育文化所体现的意志品质和追求完美的执着精神，进而内化为自我品质。

三、对建设校园文化的价值

（一）对校园文化建设的导向性

中华传统体育文化历史悠久，吸收了不同时代的文化精髓，融合大众之智慧，接纳不同民族的优秀文化，最终经受历史变迁之洗礼，成就其外在表现与内在涵养。

当今社会快速变迁带来的文化多元化正冲击着青少年的价值观，西方文化强势侵袭当代青少年的生活与学习，所以校园文化建设需要坚守传承与弘扬中华传统文化，利用传统体育文化技术与文化并重的优势，重建优秀传统道德文化体系，让青少年弘扬民族精神、践行社会主义核心价值观并在校园文化的潜移默化中认知与认同本民族文化，进而深入系统了解与学习，感悟博大精深传统文化魅力的同时，培育民族文化自尊、自信，成为民族文化传承与传播的中坚力量。

（二）丰富校园文化的内涵

作为文化改革与创新的先行者，校园文化体现出开放、包容、与时俱进的特征，是社会大文化体系中的重要组成部分，紧扣时代脉络、承接过去、直面未来，传承创新一直是学校发展之主题，不断将传统文化在学校教育中赋予新生。将传统体育文化作为校园主体文化建设的主要素材，同时学校将新时代的文化价值理念融入传统体育文化中，赋予其时代新内涵，实现校园文化建设与传统体育文化传承的共生共荣。

通过校园制度、物质、精神、文化等建设，使传统体育文化能直观真实地展现在青少年面前，融入学习与生活之中，通过制度的规范和传统体育文化相关活动的开展让学生在身体力行中感受与体验，最后内化为习惯，确保体育非物质文化遗产校园传承的实效性。校园传承优秀传统文化时要秉持创新与创造的理念，结合学校自身文化积淀与办学目标，深入挖掘传统体育文化中的优秀基因，建设符合时代需求、体现自身特质的校园文化。坚持科学、发展、辩证的思维，以社会主义核心价值观为指导，去粗存精，摈弃糟粕，凸显传统体育中所蕴藏的传统文化精髓，融入校园文化建设的宏观与微观层面，引导青少年在习练传统体育的同时，注重个人德行修为，建立健康积极的校园传统文化体系。

四、对凝聚民族精神的价值

（一）促进学生的民族文化认同

集体意识与团体精神一直是传统体育文化的核心，传统体育文化源于生产生活、军事战争、祭祀等，是大众的实践体验结晶。农业社会生产力相对落后，大众只有通过团结一心才能战胜困难，比如龙舟、舞龙舞狮等传统体育项目，需要参与者无私奉献、个人服从集体。"天人合一"强调人与自然的和谐，"道法自然"是传统体育文化的不懈追求，要求按照天地万物的本性而行。所谓"为而不恃"，"为而不争"，是要尊重自然界的规律，善于观察、模仿与体悟万物的习性，联动人与自然、亲近自然、尊重自然、改造自然，达到共生共存。

学校作为社会系统的组成部分，在学校传承体育非物质文化遗产，直接受益者是学生及教师，家长也通过直接或间接参与子女传统体育文化传承活动而了解与认知传统文化，社区参与支持是学校科学、可持续开展体育非物质文化遗产传承的重要保障。求同存异是传统体育文化的精华，传统体育文化进校园是实现青少年民族文化认同的可靠途径，这些体育非物质文化遗产项目的技术技巧与文化承载着中华文明，融入学生的学习与生活的各个细节中，与原有学校教育内容互补融合，满足多元文化时代的需求，促进学生个性发展与集体意识培育，有效弥补当前我国学校体育教育的不足。

体育非物质文化遗产的民俗性与区域性体现出其文化形成并非一朝一夕之功，是本民族或区域大众多数成员认同并自觉接受的文化成果，是一种无形但强有力的渗透力量。学校传承地方或国家优秀传统体育文化，就是要唤起原本深藏于人们内心深处的民族文化情怀，点燃大众了解与学习传统体育文化的激情，进而认同本民族文化，培育为国为民的家国情怀，将国富民强作为共同的奋斗目标，实现个人自觉与社会需要相契合，这也是民族文化认同的无形指引。

（二）提升青少年民族凝聚力

全球化与文化多元化时代，西方文化猛烈入侵，中华优秀传统道德价值体系的独立性与完整性受到巨大挑战。传统社会的时间与空间局限被现代信息技术彻底改变，地球村概念深入人心，西方价值观念与中华传统道德体系互为交织，各种迹象表明，当今部分青少年热衷西方文化观念与生活方式，这种现状虽是全球化时代青少年放眼世界的助力，同时也是本民族优秀传统文化传承弘扬的阻力。

民族精神是民族传统的历史积淀、民族文化的深层内涵，是民族或文化共同体共同创造认同的思想道德和价值观念。其实质是区域大众在长期的生产生活、改造自然和社会实践的历史变迁过程中，形成共同的道德体系和性格特质，是一个民族、一个国家得以存在和发展的内在动力。"齐家、治国、平天下"所体现的爱国爱家是中华民族精神的核心，是对本民族文化辉煌成就的认同，是民族或区域文化共同体成员之间团结友爱的政治和道德基础，是中华民族源远流长、繁荣昌盛的情感纽带。费孝通先生曾说，"产生和增强一个民族的社会凝聚力是民族文化的一个主要功能"。

群体成员相互影响和成员之间的感情对民族团结与凝聚的重要性不言而喻，要让本民族成员拥有共同的文化与信仰、紧密团结族群、形成共同文化体，需要优秀载体予以实现。伴随经济全球化而来的是文化全球化，国际竞争的日益增强，在关注大众身体素质的同时，文化软实力的重要性也引起人们的高度重视，已上升为国家综合实力的重要组成部分，体育非物质文化遗产是集身体教育与精神教育于一体的良好教育手段。以中华舞龙为例，其历史文化悠久，源于祭神求雨，随着社会变迁，逐渐转化为娱人娱神的双重功效。比如流行大江南北的板凳龙，虽不同的地域其形制和表现技巧有所差别，但其流程大同小异，首先龙具的制作是由村里组织，家家户户参与，包括板材、竹条的选择，以及纸花刻剪、灯笼制作等工序；其次是表演过程中，村民将参与舞龙作为一种无上之荣耀，为幸福生活和民族繁荣昌盛感到欣慰与自豪。所以这些项目在学校社团传承中，也要鼓励人人参与，各尽其责，协同配合，使学生自觉强化集体意识，形成群体凝聚力。

第三章 体育非物质文化遗产学校传承的现状及问题

2005年国务院《关于加强非物质文化遗产保护的通知》指出，"教育部门要将优秀的文化遗产内容和文化知识纳入教学计划，编入教材，组织参观学习活动，激发青少年热爱祖国优秀传统文化的热情"。随着国家对传统文化重视程度提高，教育部、文化部等部门也出台青少年传承优秀民族传统文化的通知，体育非物质文化遗产进校园已是必然趋势。本部分对我国部分优秀体育非物质文化遗产校园传承进行实地考察，了解学校传承的现实情况。

一、学校开展体育非物质文化遗产传承的现状

（一）学校开展体育非物质文化遗产传承的形式、内容及评价

1. 传承的形式

广州黄埔区学校开展醒狮传承以社团形式为主，如黄埔区龙狮协会Ggd团队指导学校醒狮社团训练的时间为下午课外活动，每周2次，每次时间为一个半至两小时，另外每周末还会组织这些社团学生在学校附近的公园开展一次训练。

"周末训练是在公园开阔处进行，这样训练的目的第一是让更多的人看到这项运动，让更多的人了解、参与，扩大项目影响力；第二是锻炼队员们的胆量，在有很多观众的关注下进行练习可有效提升队员的心理素质，为在以后参加表演和比赛积累心理经验。""我从2011年开始进学校开展醒狮传承，最开始进入的就是小学，现在那批学生已经上初中了，有些学生又跟我在初中的醒狮社继续学习，学了这么多年，现在技术很好了。"（黄埔区龙狮运动协会Ggd）

"学校现在很重视学生的课外活动，我们学校现在有几十个学生社

团，比如篮球、航模等。醒狮是广东的好东西，学校成立了醒狮社，聘请G师傅担任指导老师。进入体育课教学很难，没有教师，而且不是所有学生都喜欢舞狮，社团形式比较合理，因为是学生自己喜欢的。"（广州市E中学体育教师X老师）

陈氏太极拳主要在焦作市初级中学以体育课的形式开展，陈氏太极拳为焦作市中招体育考试必考项目。通过对焦作市教师调查得知，目前授课集中在初二年级的第二学期，该学期每周三节体育课都教授太极拳，每次课学习二至三个动作，整个焦作市基本采用同样的形式。

"因为学会陈氏三十八式太极拳要占用的课时非常多，刚开始前三分之一的动作，学生能熟练掌握，但是越往后学习的二十来个动作越难，想让大部分学生能独立完成，就需要整个学期。在刚刚开展传承时也是从初一开始教授，每周一次太极拳，教师在教完整个套路后，再回头让学生练习，发现学生学得特别不好，尤其是放暑假与寒假，学生基本上全部忘记。所以大部分都集中在初二下统一授课，到初三之后每次课都有练习，同时穿插其他体育考试项目内容，这样的效果明显好于分散时间教学。初三太极拳教学的重点就是纠正动作，每节课都要熟悉动作，占用十几分钟时间，这样学生学习太极拳的技术达成效能强于每学期每周一次的学习，使得学生在中考时能够取得较好的成绩。"（焦作市L中学体育教师N老师）

博爱县隶属于焦作市，因焦作市目前主推陈氏太极拳，月山八极拳在博爱县不算重点扶持项目，所以各级学校开展的传承项目以陈氏太极拳为主。由于一个学校体育教师不太可能同时教授太极拳和八极拳，师资不够和教师个人精力不足都是现实问题，导致目前传承八极拳的学校极少。

"我在学校坚持把师父的八极拳传给学生，体育课可以上八极拳，但是其他几个体育老师不会，学校也不支持，所以就放到课外活动的兴趣班。"（博爱县D小学体育教师B老师）

浙江省宁波市奉化布龙的传承形式。F中学最初以舞龙社团的形式成立舞龙队，2006年学校被列为奉化布龙传承基地，该校将奉化布龙作为校园特色文化建设，学校聘请专家、奉化布龙代表性传承人、一线教师一起进行校本课程开发，在高一下学期开设16学时的舞龙选修课，同时全校在大课间广播操后，练习10分钟的舞龙。2009年经奉化市教育局批准，推出舞龙特招的中考政策，隔年招收10名有舞龙基础或身体素质优秀的学生进校加入舞龙队，校舞龙队每周进行5次训练，每次训练时间为两小时。

"目前学校课间操很少进行舞龙了，以做广播操和跑步为主。全校舞龙选修课这几年没有开了，需要各科老师的配合，大家工作都很忙。校舞龙队还是坚持训练，学校重要活动时需要表演。"（宁波市奉化区F中学副校长W老师）

S小学1988年成立校舞龙队，2004年正式开设"奉化布龙综合实践课"，在奉化布龙传承人等一批专家、老师的指导下，积极培养接班人，每周一、周三下午学校都会组织"S小舞龙队"活动，新老成员进行舞龙训练。

体育非物质文化遗产校园传承的开展形式主要有以下几种：一是由地方政府部门主导，以行政指令形式，地区某一类或几类学校全部开设，成为学校体育课的必修内容，学习内容统一，并将所学内容纳入到学生的升学考试必考内容。二是学校社团形式，由民间艺人主动与学校沟通洽谈，达成合作协议后，开展传承，教师由民间艺人担任，学校只负责学生社团的管理工作、提供场地器材，以及学生外出比赛的费用。三是传承学校为建设特色校园文化，进行传承项目的校本课程开发，开展形式包括学校社团、体育课及大课间操等。实地调查发现，以社团形式开展传承不受年级、性别等限制，学生出于自己的兴趣，长期坚持，对于文化技术的掌握较为坚实，故以学校社团形式传承体育非物质文化遗产是当前多数学校开展传承的首选。

2. 传承的内容

广州黄埔区醒狮学校传承过程中，不同学段传承内容基本安排为：幼儿园、小学一二年级主要学习醒狮表演所需的武术基本功（因为醒狮对武术基本功要求很高，涉及各种步法、身法或借鉴南拳的动作，另外一个原因是学生年龄太小，难以举起狮头进行技术动作学习），包括传统南拳、南拳竞技套路、五步拳等；小学三年级开始学习舞狮、武术，小学舞狮传承主要以传统醒狮为主，表演自编或传统醒狮经典故事，辅以八仙桌、长凳等道具，动作难度随着学生年龄增加和技术水平提高而随之加大；初中及以上学生学习传统南狮与高桩舞狮，传统南狮学习的难度加大。

"在学校教舞狮，主要教技术，还有要求学生品德要好，没有专门开设醒狮文化课或醒狮文化论坛，但这些学校在开展之初会请我们到学校为有兴趣参加醒狮运动的学生进行一次醒狮文化的讲座。"（广州弘毅国术会主教练Gbw）

河南焦作市初中统一学习陈氏太极拳三十八式，中考体育考试为陈氏太极拳技术，所以学校体育教师的教与学生的学都围绕技术的掌握进行。

"上课的内容就是教他们练习三十八式，按照中考体育考试的评分规则，纠正学生的动作，因为考试只考技术，学生学习这个就是要在中考时多拿分，上个好学校。"（焦作市L中学体育教师N老师）

博爱县月山八极拳在学校传承内容为八极拳的小架套路，以技术教学为主。

"教他们基本动作、对练，还有小架套路，没怎么讲过其他的东西，但会告诉他们月山八极拳的来历，学生们好动，我怕讲那些理论的东西学生不愿意听。"（博爱县D小学体育教师B老师）

奉化布龙的两所传承学校主要教授"8字"舞龙类、游龙类、翻滚类、穿腾类、组图类等动作，对舞龙鼓乐、制作布龙、龙文化等进行简单的介绍。

"会教学生打锣鼓，但是现在舞龙比赛都是用音乐了，学生了解怎么打就行。教会学生组装龙，制作比较复杂，没有教。每次练习就是教技术,还有练学生的体力,因为要参加舞龙比赛,还有表演,舞得好看很关键,观众才喜欢,裁判才会打高分。"(宁波市奉化区F中学舞龙教练W老师)

体育非物质文化遗产包含外在的技术体系和内在的文化内涵。学校在开展体育非物质文化遗产传承过程中,针对不同学段和不同技能水平的学生,如何设计传承内容尤为关键。对于如何设计不同学段学生学习的内容,一直致力于醒狮进校园的民间艺人Ggd认为,在教学过程中要注重学生传统武德的学习,要让学生学会尊敬师长、同门、同辈等,做一个有德行的人,通过这样的训练,学生会养成回家后尊敬长辈、体贴父母,在学校尊敬老师、对同学友爱的良好品行。

"我们武术和醒狮把老师称为师父,为什么这么称呼,与其他项目对老师的称呼有本质上的区别,带他们去活动,不仅仅是活动,会将一些传统文化的东西灌输给他们。比如说,这个是师叔,就要尊卑有序,称呼不仅仅就是叫这么简单,是你要教育徒弟尊重前辈。"(黄埔区龙狮运动协会Ggd)

"一个团队出来的话,小孩子自己与队友是有比较的,那个人的脾气太差、技术太差,我就不跟他玩。小孩子在这种环境中感受最直观,在家里一个人是感受不到的。我们学武术、学醒狮更吸引人的地方,就是会有很多的活动,在参加这些活动中学到的,是学校(文化课)和家里是学不到的。"(广州弘毅国术会主教练Gbw)

调研结果显示,当前学校传承体育非物质文化遗产过程中,重技术轻文化的现象较为普遍。体育非物质文化遗产之所以称为文化遗产,其所蕴藏的传统文化精华是核心,是区域大众经过长时间凝练而得来的。所以当前国家大力提倡学习传承民族优秀文化,就是要让儿童青少年从小接触与了解本民族文化,进而形成文化认同与文化自信,实现中华民族伟大复兴的中国梦。学校开展体育非物质文化遗产传承,其目的不仅是促进学生身体健康,更为重要的是期望学生在学习这些优秀民族传统体育文化的过程中,学习民族文化精神与文化特质。所以不管是以体育课还是学校社团形式开展传承,在传承内容的选择时,技术与文化都是核心，不可偏废，否则将会失去体育非物质文化遗产的真正魅力，且对学生进行德行教化的功效也会大打折扣，远离传承之初衷。

3. 传承的效果评价

陈氏太极拳作为焦作市初中必考内容，对学生的评价仅限于对技术掌握程度进行考核评价，没有对学生学习传统体育文化之后的心理变化、行为举止等进行评价。目前对学校传承的整体评价通过两个方面体现，一是初三学生中考体育考试时太极拳的得分情况，这是对一个学校体育教师传承实践工作的量化考核，直接与学生中考总分挂钩，也是对一个学校传承总体重视度与投入度的考核，学校领导、体育教师、班主任都重视学生的练习，但是学生最终考核成绩不与学校年度考核和教师业绩相关联；二是由焦作市教育局向全市各初中下发文件，要求各学校每年挑选部分技术好的学生参与全市太极拳进校园的展演大赛。

"开始设置校园展演比赛是现场比赛的形式，后因为耗资大，各个学校出动的学生人数多，资金与安全等因素都受到较大的考验，焦作市政府没有配置专项的资金，费用由开展学校自己筹集。所以近年来采用学校自行将演练录制成光盘，在规定时间内上交教育局，由教育局组织专家进行评比，有评奖，但是没有奖金，也与学校没有直接利益关系。"（焦作市L中学体育教师N老师）

广州黄埔区醒狮、博爱县月山八极拳、浙江奉化布龙几个项目的学校传承属于学校自愿开展，体育部门或文化部门给予一定支持。相关主管部门每年对传承学校进行年度考核，由主管部门向各传承学校下发通知，要求传承学校上报当年的传承开展情况，传承学校汇报年度工作，包括列举本年度该项目社团参与学校、社区的展演，以及比赛等活动的照片或获奖名次；学校围绕项目建设特色校园文化情况的文字说明与照片；若有学校进行校本课程开发，会将校本教材、校本课程的建设情况予以上报。考核的时间为每年11月底或12月初，主管部门根据学校提交的材料评价传承学校传承工作是否合格。

"我们每年对传承学校的年度考核就是让传承学校将本年度的传承情

况以文字和照片等形式上报。目前事情太多,把精力放在学校传承开展中的确有限,所以就还是以这种简单的形式来考核。这些学校在传承实践中,很多活动我们也有参与,只要学校真的在做这件事,我们都会予以达标,因为现在是要鼓励学校参与传承非物质文化遗产。"(黄埔区文化馆Lgz)

评价是对学校开展体育非物质文化遗产传承实践的阶段性考核,了解传承参与主体通过传承学习的收获,对于指导学校开展传承具有指引性功效,肯定优点,发现不足,并及时纠正。在学校开展体育非物质文化遗产传承,考虑项目特质,学生传承不仅需要完成外在动作技术的学习,还有内在民族文化涵养的学习,所以对传承进行评价时,谁是评价的主体?评价的内容包括哪些?运用哪些方法手段进行评价?这些问题在当前还有较多需要改进之处。

(二)参加校内外活动的情况

1. 参加校内活动的情况

首先是校内重要活动展演。在这方面开展较好的有黄埔区开展醒狮的学校,以及奉化布龙传承学校,这些学校社团均会在学校重要节庆,诸如运动会开幕式、元旦文艺汇演、校园文化节等校内重要活动中予以展演。

"校舞龙队技术很好,动作精彩,学校重要活动的表演,舞龙每次都是作为开场节目,效果很好,大家都喜欢看。"(宁波市奉化区F中学工会主席M老师)

"狮子那么可爱,我们舞狮社学生表演得很好,学校活动都有他们,给大家带来欢乐,也体现了学生良好的精神面貌。还宣传了醒狮,好多学生就是看了他们表演后,就加入到醒狮社。"(广州市黄埔区Y学校教导处主任H老师)

"每次学校活动都有我们舞狮表演,教练会挑选技术好的同学上去表

演，我们都会认真练习，争取上台表演，老师和同学会夸奖我，那样会很有面子。"（广州市E中醒狮社学生Zwc）

学校以地方和国家的重要节庆为契机，开展传承项目的展演与交流，邀请地方政府部门、社会人士、家长、全校师生共同参与，体验传统文化，使之常态化，让传统文化与传统节日深入人心，进而深化参与者的文化认同与民族认同感。

其次是开展学校传承项目的主题文化节。焦作地区初中陈氏太极拳传承以中考体育考试为核心，校内开展太极拳是由体育老师和班主任带领学生在体育课及课外体育活动中练习技术，其他活动几乎未有涉及。黄埔区开展醒狮学校传承由于时间较短，参与人数有限，目前未形成全校性的活动，故而目前鲜有醒狮相关的校园主题活动开展。奉化布龙传承学校中，F中学开设了全校舞龙课，创建了"五龙"教育体系，2013—2016年全校舞龙运动开展得最好，每个班级都有舞龙队，每年全校开展以班级为单位的舞龙大赛，以及与布龙相关的龙文化写作、绘画等比赛，但近几年这些活动业已中断。

"学校探索出"制龙、舞龙'赏龙、悟龙、成龙'一体的'五龙'教育体系，从校舞龙队（布龙社团）、奉化布龙校本课程、校园布龙文化的营造等层面推进"五龙"特色办学。通过有关龙的知识传授、作文竞赛、美术课绘龙、音乐课唱龙、体育课舞龙、制龙、主题班会言龙及教学楼墙面上有关龙的板报设计等系列活动，极大地激发学生学习奉化布龙的兴趣，丰富了校园文化的内涵。但是这两年由于教师调动、资金等原因，没有开展全校舞龙活动了。"（宁波市奉化区F中学副校长W老师）

学校开展传承项目主题板报评比、班级展演大赛、趣味赛、教职工赛、亲子比赛等活动，让全校师生参与传承项目的文化节，全方位体验传统体育文化的魅力，凸显学校师生的主体地位，扩大项目受众群体。

再次是项目文化讲座。为促进青少年学生对传统体育文化的进一步认知，黄埔区文化馆和非物质文化遗产中心会主动与学校联系，邀请醒狮民间艺人到学校做关于醒狮文化的讲座，让学生了解与认知醒狮文化。另外，黄埔区文化馆、博物馆每年会举办多次广东优秀民间文化讲座，醒狮作为广东特色文化代表之一，自然是其重要组成部分，如黄埔区博物馆邀请黄埔区龙狮协会Ggd做关于"醒狮的起源与发展"讲座，黄埔区文化馆邀请国家非物质文化遗产"广东醒狮"省级代表性传承人、广州工人醒狮协会会长兼总教练Zwb做"非物质文化遗产名家进黄埔'名家讲坛'——我和醒狮全接触"讲座，这些活动都会吸引青少年人群的参与。奉化布龙传承学校也会邀请奉化布龙国家代表性传承人Cxg来校为学生进行布龙文化的讲座。体育非物质文化遗产根深植于民间，项目传承人是这些优秀传统体育文化的"活态"载体。学校开展传承不能忽视这些民间艺人的重要作用，积极主动邀请民间艺人进校园，为学校传承提供技术与文化支持，让学生能够了解与学习真正的项目技术文化，这也符合非物质文化遗产传承的"整体性"与"本真性"原则。

2. 参加校外活动的情况

黄埔区醒狮文化底蕴浓厚，大众喜欢醒狮运动，在地方重要节庆、社区文化活动中均会出现醒狮的身影。黄埔区很多比赛为民间举办，如各种武术协会、龙狮协会等向地方各个武术与舞狮馆发出邀请，然后主办方上报地方文体联合会，由文体联合会正式下发文件，制定比赛规程，邀请裁判，举行比赛。所以每年由民间和官方举办的各种武术与舞狮比赛很多，可以给练习者提供很多展演的平台。特别是近些年来，广东非常重视青少年传统文化的培育，举办了多次青少年武术与舞狮比赛。

时间：2017年8月30日。14：00-17：00为传统武术比赛，19：00—23：00点为醒狮比赛

地点：黄阁镇大塘村文化广场

事件："2017年黄阁镇传统武术、醒狮公开赛"（比赛主办单位：广州市南沙区黄阁镇文体联合会，承办单位：黄阁镇武术协会，协办单位：黄阁镇大塘村委。）

2017年8月30日，广州市黄阁镇举办了"2017年黄阁镇传统武术、醒狮公开赛"，参加本次比赛最小的选手只有4岁，最大的为76岁。有22支队伍参加舞狮比赛，有3支女子舞狮队，其中2支女子舞狮队队员均为小学

生，分别为弘毅国术会的"醉狮"，蔡边精成文化体育总会的"灵蛇寻宝"，均为传统南狮技法，年龄最小的队员为小学3年级，整个舞狮队包括舞狮与鼓乐队伍均由小学女生组成，比赛过程中队员将表演道具摆放好，表演结束后快速收回。另外一支女子舞狮队成员的年龄为50～65岁，即东里村女子麒麟协会的"金玉满堂"，她们表演的动作难度较小，没有高举等动作，但是舞狮的细节与韵味表现较好。男子舞狮队也有3队是由小学生队员组成，此外，初中生、高中生、大学生及社会青年参与的队伍均有。

报名的队伍没有要求比赛的内容，只要愿意参与比赛，均可报名。在武术比赛过程中，主办方不设固定比赛项目，参赛内容自主选择，倡导全民参与，五步拳、咏春、南拳规定套路、太极拳、八斩刀、叉、耙、齐眉棍、长棍、大刀、单刀等拳术和器械都出现在比赛场上，琳琅满目、热闹非凡。由裁判对参加比赛的队员进行现场打分，最后设置一、二、三等奖并颁发奖牌，保证每个参赛选手均有奖牌收获。这样的比赛形式吸引了大量的人员参与进来，特别是很多青少年，通过参与比赛获得奖牌促进以后进一步刻苦练习，期望下次斩获更好的名次。有一位4岁的小男孩，他参加比赛的套路为五步拳，最后获得三等奖，他在领奖台上接过奖牌时非常高兴，他的父母与爷爷奶奶一直陪同他参加比赛，小朋友动作很规范，一丝不苟地完成比赛，虽然上台时不知道应该在哪个位置开始做动作，还是教练上台帮忙选好位置，但是在比赛开始和结束时均行抱拳礼。（广东醒狮实地调查笔记-20170830）

这种大众均能参与的比赛，有利于地方传统武术与舞狮的传承，传统文化传承需要不同年龄层次的传承梯队，才能保证传承的可持续，还能促进学校传承与家庭传承的联动互补，同时也扩大了项目在地方的影响力，吸引更多的人关注与参与。

焦作市初级中学将传承陈氏太极拳作为体育课的重要组成部分，传承围绕中考体育考试进行，学校很少参与社区组织的文化活动。焦作市重要节庆活动大都是武术学校的学生参与，普通初级中学鲜有参加。

"学校开展太极拳学习，是教育局的规定，学校重视的是最后的考试成绩。练得好的学生，有时会组织他们参加体育局的太极拳比赛。"（焦作市L中学体育教师N老师）

月山八极拳在博爱县学校开展极少，学校传承在地方上影响力较小，很少参加社区组织的文化活动。

"就是不想让这么好的东西失传了，所以我坚持带领学生练习，出去参加活动需要经费，而且校长怕有安全方面的问题。"（博爱县D小学体育教师B老师）

奉化布龙两所传承学校以在学校开展活动为主，并积极参加宁波市体育局和浙江省龙狮运动协会举办的各种舞龙比赛，以及地方政府组织的文化庆典活动。

"校舞龙队赴土耳其参加国际音乐舞蹈文化艺术节、上海世博会"浙江周"展演活动、2012年英国莎士比亚文化节（共有中国项目2项，另一项为昆剧），还获得了浙江省第二届舞龙锦标赛规定套路一等奖、自选套路一等奖，2017国际龙狮争霸赛二等奖等，主要还是体育比赛。"（宁波市奉化区F中学工会主席M老师）

但是奉化区和宁波市举办的重要庆典文化活动的主要参演者是奉化区尚田镇条宅村舞龙队，该村是国家级非物质文化遗产奉化布龙传承基地，国家级代表性传承人Cxg即为该村村民，目前条宅村舞龙队龙头由Cxg的儿子执掌，他们会参加地方重要庆典及文化活动。

学校在开展体育非物质文化遗产传承过程中不可能脱离于社区，与社区联动方可促进项目传承与弘扬。

"学生要依托外面的社会活动，要学有所成，学有所展，就是要有更多的展示自我的机会，学生才会有兴趣。有些地方举办中小学相关的比赛

第三章 体育非物质文化遗产学校传承的现状及问题

多,学生展示自我的机会多,学生兴趣越大。"(黄埔区龙狮协会Ggd)

"反正我们这边任何部门有活动,我都会带学生队伍参与,有钱给我我开心,没有钱给我我也去。真正的传统醒狮在农村,我们进行醒狮交流的时候,最好就是在农村交流。去年教育局就带了舞狮队到我们村里进行交流,搞得很好,因为搞这些活动,学校也有需要,也是推广、宣传自己学校很好的机会。"(广州弘毅国术会主教练Gbw)

学校开展体育非物质文化遗产传承,不仅为丰富校园文化与学生课外活动选择,而且助推学生融入社区,在参与社区组织的文化活动中,与社区居民交流探讨,加深认识。开展传承的学校利用参与社区活动的机会,对学校自身进行宣传,让那些关注青少年传统文化传承的单位或个人给予更多的关注,进而参与到学校传承中。

"如果没有比赛,我们可以更多地依托社会资源,比如说村里或社区的节庆晚会,学校的晚会,政府部门的晚会,需要活动来支撑,那么就给学生展示提供了平台,所以就跟学生说,你要认真训练,练得好我就要你上。社区有很多晚会,社区负责人也需要很多节目,和街道管文化的人说,你们做活动,政府补助多少钱,你就给我多少,其实很容易达成合作,不需要求他给你一个展示的机会,因为社区活动必须要有精彩的表演来支撑。"(黄埔区龙狮协会Ggd)

"教育系统没有举办这种比赛,主要是体育部门负责。学校开展舞狮进校园,是学校自发的行为,是学校为了丰富学生的课外活动,在开学典礼、毕业典礼、运动会等大型活动时上这些节目。比如幼儿园运动会开幕式都会请专业的社会团队来操办。"(广州弘毅国术会主教练Gbw)

传承弘扬民族文化是当今社会的需求,国家和地方各级政府对于文化建设投入力度逐渐加大,政府举办的各种活动需要节目支撑,体育非物质文化遗产作为区域文化共同体的结晶,拥有广泛深厚的民众基础,所以是当前地方重要

53

活动的"常客"。故学校开展体育非物质文化遗产传承，当秉持开放与积极主动的姿态，把与社区联动举措落到实处。

（三）体育非物质文化遗产学校传承的实然保障状况

1. 学校传承的相关政策法规

2004年8月我国加入《保护非物质文化遗产公约》，党和国家高度重视对青少年进行非物质文化遗产教育。2005年国务院《关于加强非物质文化遗产保护的通知》指出，"教育部门要将优秀的文化遗产内容和文化知识纳入教学计划，编入教材，组织参观学习活动，激发青少年热爱祖国优秀传统文化的热情"。2009年2月24日，教育部与文化部共同出台了《关于在未成年人校外活动场所开展非物质文化遗产传承教育活动的通知》。2010年6月30日出台了《教育部办公厅关于在中小学开展创建中华优秀文化艺术传承学校活动的通知》。2011年6月1日正式实施的《非物质文化遗产法》第34条明确规定："学校应当按照国务院教育主管部门的规定，开展相关的非物质文化遗产教育。"教育部于2014年颁布《完善中华优秀传统文化教育指导纲要》。中共中央办公厅、国务院办公厅于2017年颁布《关于实施中华优秀传统文化传承发展工程的意见》。学校开展体育非物质文化遗产传承就是落实这些政策法规。

随着国家层面对学校开展非物质文化遗产要求的出台，各省市也出台相关政策法规。广东省出台《广东非物质文化遗产保护条例》《广东省非物质文化遗产保护专项资金管理办法》《广东省文化厅关于省级非物质文化遗产项目代表性传承人认定与管理暂行办法》《广东省粤剧保护传承规定》等法规文件。河南省出台了《河南省非物质文化遗产保护条例》《河南省非物质文化遗产代表性传承人命名暂行办法》《河南省非物质文化遗产评定实施意见》等。浙江省先后出台了《浙江省非物质文化遗产代表作申报与评定暂行办法》《浙江省非物质文化遗产名录评审工作规则（试行）》《浙江省非物质文化遗产代表性传承人申报与认定办法》《浙江省非物质文化遗产保护条例》等。部分市、县也制定地方性的保护条例和地方性专项保护条例，如宁波市出台了《宁波市非物质文化遗产传承基地评选暂行办法》。

从对几个项目传承地调查发现，目前还没有针对学校开展非物质文化遗产

第三章 体育非物质文化遗产学校传承的现状及问题

传承的相关政策法规出台。为响应党和国家对青少年进行优秀民族传统文化教育的要求，各级非物质文化遗产保护中心当前都将"非物质文化遗产进校园"作为工作的重要内容之一。

"我们一直很想大力开展，我们中心每年也会组织代表性传承人进校园进行表演，向青少年学生宣传地方传统文化，政府没有要求我们每年必须完成多少进校园活动的数量，也没有出台学校开展传承的相关文件，都是我们中心自己看哪些项目适合在学校开展，又能找到愿意去学校指导学生的民间师傅。"（黄埔区非物质文化遗产保护中心Gzr）

"对于非物质文化遗产进校园，没有明文规定我们非遗中心必须完成什么工作，在年终工作总结与考核时也没有一个专门指标来评价。但是对于学校开展非物质文化遗产传承，我们一直很支持的。"（宁波市非物质文化遗产保护中心Lzr）

对于开展"非遗进校园"工作，地方文化部门会组织代表性传承人进校园为师生展演，与学校联合举办非物质文化遗产展览活动，引导学校开展非物质文化遗产校园传承工作等。但是目前还是以学校主动为主，当学校有意开展地方优秀传统体育文化传承时，学校可以选择直接与民间艺人接洽，或是上报地方文化部门，以官方形式沟通洽谈学校传承事宜。

"广东有名的醒狮，现在有不少的学校想开展，学校开展需要老师来教，那么我们就会帮他们联系醒狮艺人来指导他们学校的醒狮社团。"（黄埔区文化馆Lgz）

"如果有学校想要做，我们会提供一部分资金，帮学校联系好传承人，但这些工作主要还是要靠学校自己，特别是校长的支持，还有就是要有喜欢这个项目的老师来参与传承。"（宁波市非物质文化遗产保护中心Lzr）

当前支持学校开展的政策法规还不完善，部分地方在推进非物质文化遗产进校园的工作中，效果还不甚理想，与国家要求大力传承弘扬民族文化尚存在不小差距。《中华人民共和国非物质文化遗产法》于2011年颁布并实施，法规第四章为"非物质文化遗产的传承与传播"，对代表性传承人认定与履行义务、政府文化部门支持开展传承传播活动的措施、非物质文化遗产研究、学校与新闻媒体的传承责任、非物质文化遗产交流与展演、开发与经营非物质文化遗产等进行了规定。国务院办公厅、文化部、教育部、国家体育总局等部门也专门颁布或制定传承民族传统体育文化的相关文件，各省、市、县文化部门也制定了非物质文化遗产保护、传承的相关法规或文件。

然而目前已颁布的相关法规或文件较为宏观，可操作性有待加强，特别是对体育非物质文化遗产传承的相关规定表述极少，对于体育非物质文化遗产传承工作开展的指导性不强。当前，须以《非物质文化遗产法》为基本依据，将国家相关部门与各级政府相关部门颁发的法规或文件作为基础，结合体育非物质文化遗产的实际传承特征，颁布与实施体育非物质文化遗产保护传承的法规，推动体育非物质文化遗产学校传承法制化建设。

2. 学校开展传承的师资

广州市黄埔区醒狮进校园的指导教师以"购买服务"为主，学校有意向建设醒狮社团时，向非物质文化遗产中心或文化馆提出申请，由文化部门联系民间醒狮艺人来校指导，或学校直接与民间醒狮艺人洽谈，由其担任社团指导老师。比如致力于学校传承推广的黄埔区龙狮运动协会的Ggd，目前与黄埔区13所大中小学合作开展醒狮传承，统一调度弘毅国术会的骨干成员担任这些学校舞狮社团的指导教师，其中6所为黄埔区非物质文化遗产中心牵线，其余几所均为学校主动与其联习，进而达成合作协议。

"想开展醒狮运动时，听说Ggd热心于学校醒狮传承工作，且有一个教练团队，由学校负责社团管理的教师与体育组组长一起与Ggd达成协议，最后学校正式开展醒狮运动后，也会向非物质文化遗产中心、教育局、体育局等部门报备。"（广州市E中体育教师X老师）

河南焦作陈氏太极拳主要传承学校为初中，学校传承所需师资由焦作

第三章　体育非物质文化遗产学校传承的现状及问题

市教育局进行统一培训，学校体育教师以轮训和每隔两年集中培训的形式进行学习。

"最初开展时整个焦作市体育老师去陈家沟轮训一遍，加上定期（如暑假）由教育局组织太极拳培训，要求准备担任初三体育课的教师必须参加培训。对体育教师第一次培训的时间为20天，以后每年需轮训，轮训时长为一周。三年再集中培训，是所有的体育教师必须完成的项目，每次培训后考核合格发培训结业证。"（焦作市L中学体育教师N老师）

月山八极拳在博爱县具有较大影响力，被列入第二批国家级非物质文化遗产名录，这对于地方传统武术文化底蕴丰厚的河南来说尤为不易，所以博爱县政府十分重视，欲将八极拳作为博爱县学校体育教学的重要内容之一。

"体育局每年会邀请我在市体育局组织的体育教师培训上教授八极拳，为期一周，体育局包吃住，培训内容为八极拳的小架套路。"（月山八极拳传承人M老师）

体育局要求这些教师回学校后在学校开展八极拳教学，但是实际效果不佳，较多学校依旧没有开展。有一所学校坚持开展，其教师为月山八极拳代表性传承人M师傅的徒弟。

F中学和S小学为奉化布龙传承基地，在传承之初均有聘请奉化布龙传承人担任指导教师。F中学教师Wls从小学习奉化布龙，一直致力于奉化布龙理论与实践的探索，是该校开展奉化布龙的核心人物，现为国家级龙狮裁判员、浙江省龙狮运动协会副会长，2017年工作调动到奉化区教师进修学校，但是每周依旧会来学校指导校舞龙队1~2次。目前F中学舞龙队由该校体育教师担任主教练，民间艺人已不再担任指导教师。S小学在开展之初由奉化布龙传承人担任指导老师，该校派出一名体育教师担任辅助教练的工作，该教师一直坚持跟随舞龙队训练、表演、比赛等，目前已全权接管该校舞龙队，传承人不再担任该校舞龙队教练。

"学校在开始把布龙引入校园的时候,老师都不会,所以就聘请传承人C师傅来教。学校指定我来协助,我每次也跟着学,边学边教,现在已经完全掌握了布龙的技术,所以我就代替C师傅指导校舞龙队训练了。"

(宁波市奉化区S小学舞龙队教练Y老师)

"谁来教"是学校开展体育非物质文化遗产传承的关键环节,缺乏传承指导教师是当前较多项目进入校园困难的主要原因。即使部分学校直接聘请民间艺人进入学校担任指导教师,但是大多数传承人受教育程度不高,尤其缺乏教师教育的专业训练,依旧按照民间传承的教学形式进行学校传承,导致其传承效果未达预期。培训在校教师与提升民间艺人的传承指导专业素养是当前体育非物质文化遗产进校园亟待解决的事项。

3. 传承开展所需的物质条件

首先是场地器材。这是学校开展体育非物质文化遗产传承最基本的条件,特别是那些需要借助器械进行表演的项目,如舞龙舞狮等,没有器材,就无法开展传承。几个项目的传承学校在器材购买上均能够达到学校开展传承的要求,传承开展所需的场地,天气较好时,各学校均在室外田径场、篮球场及校园空地进行,雨天在室内场馆进行(F中学设有专门的室内舞龙训练馆供校舞龙训练队使用,没有室内场馆的学校在雨天直接取消练习)。

其次是建设传承项目标志雕塑、文化长廊、展示厅等。学校开展体育非物质文化遗产传承,就是要拓展学生的课外活动,弘扬民族精神。在调研中发现,目前还没有一个学校将所传承的项目设计成雕塑或是醒目的标志设置在校内,即使F中学从2002年开展传承至今,却也没有设计布龙的雕塑立于校内。项目文化长廊建设得到部分开展学校的重视,特别是列为正式传承基地的学校,如奉化布龙传承基地学校均设立有布龙文化长廊,用文字与图片的形式展示奉化布龙的历史源流、技术体系、传承现状等。

"在教学楼一楼有布龙文化长廊,每天师生经过都可以看到,就是为了宣传布龙文化。雕塑方面的确没有考虑。"(宁波市奉化区F中学工会主席M老师)

"学校由于近两年才开设醒狮社,再加上学校社团数量众多,我们学校目前有三十多个学生社团,所以学校也不可能在短时间内给每个社团都建设文化长廊。"(广州市E中团委副书记Y老师)

项目展示厅需要学校有专门的空间,目前几个项目的传承学校中,只有F中学建有一个简易布龙展示厅,展示物品包括布龙制作所需的器材,如毛竹、布匹等,以及制作所需的工具等。

再次是编写校本教材。黄埔区醒狮传承学校,目前还未编写校园醒狮教材,在每学期开始时,民间醒狮艺人们会简单设计一个学期的教学计划。陈氏太极拳在初中传承时,学习内容有教育局规定的动作,故也未编写校本教材。F中学编制的奉化布龙校本教材为《F中学校本课程教材之——奉化布龙读本》,包括"奉化布龙的历史""舞龙的学习""舞龙运动的套路及评分""奉化布龙的制作工艺""奉化布龙的欣赏"五章。S小学也编写了校本教材《我是S小小龙人》。

场地器材是学校开展传承的必备条件,对于那些借助道具表演的项目,在学校开展传承的过程中,器材制作与购买等需要经费,如果没有政府支持或社会赞助,这些费用对于学校来说也是一笔不小的开支,这也是导致部分学校领导不愿意开展传承的原因之一。我国的传统文化由于地域性特征较强,同一名称的项目在不同地域有其外在技术与内在文化特质的差异,这也是在传承交流中出现障碍的重要原因。实际的困难也切实存在,诸如教师教材编写的专业性、对于项目技术文化的了解与认知程度等,这些都会影响教材编写进度与质量,以及教师参与地方文化传承的积极性。

4. 传承所需的资金投入

黄埔区学校开展醒狮传承时,学校聘请民间醒狮艺人担任指导老师,社团教学与管理均由传承指导老师负责,学校为其提供劳务费,但是当前学校聘请民间艺人所需费用主要来源于学校,而很多学校学生社团数量较多,所以为传承指导老师提供的报酬不高。

"G老师指导学校醒狮社训练,学校给了一点劳务费,但是不多,学校的钱也是专款专用，学校这么多的社团，开支也不小，都是靠学校自己想办法。还好G老师鼎力支持，否则指导老师很难找。"（广州市黄埔区G小学H校长）

"中心针对学校开展会提供一些资金，但是不多，这几年区政府要求我们举办很多活动，都需要经费。目前也没有专门的非遗进校园的专项资金，所以主要还是需要学校解决经费。"（广州市黄埔区非物质文化遗产保护中心Gzr）

"我下面有很多人想跟我一起做醒狮，但是我没有那么多的业务去养活他，我也没有这么多的钱去养活他，就算这一年两年我给你饭吃，问题是他觉得他赚不到钱的话就不会坚持搞了，这就是我们传统文化传承最大的一个问题。"（黄埔区龙狮运动协会Ggd）

所以这些民间艺人在学校推广醒狮过程中，也在努力想法解决资金筹集问题，因为他们对招收的队员不收取任何费用，参加比赛等都不需要学生出钱。但是传统武术与舞狮想更好得开展，必须要有专门的团队来研究与训练，这些人的生计问题是必须考虑的，兴趣爱好是支撑这些人进行武术与舞狮文化传承与传播的重要原因，但是长期的传承需要花费大量的精力与时间，其他的收入减少，也会对长期坚持传承产生较大影响。

焦作市初级中学全部开设陈氏太极拳，是市教育局的行政指令，故而各学校在开展时，不需要考虑政策、资金等问题。博爱县月山八极拳未被列为博爱县学校必设课程，其生存境遇截然不同。

"县政府、教育局、文化局、体育局对博爱县学校传承八极拳目前无实质性的相关政策、资金、人力、物力的支持，处于"精神支持"的状态。地方政府对文化扶持专项资金较少。主要问题是传承资金的严重缺乏，没有传承基地，2015年得到国家资助的60万元传承资金，向县政府争取了这块废弃的场地，成立了武校，现在100多名学生学习武术，需聘请文化老师、保洁人员、后勤人员，还有水电费支出，场地虽然免费提供，

但是每年得倒贴进10到20万。"（月山八极拳传承人M老师）

所幸的是M老师热爱八极拳，苦苦坚持，但这对于长期传承八极拳十分不利。当前八极拳没有专门的展览馆，只有M老师一个人掌握，还未形成文字、录像等相关资料，然而老师傅年龄已逾七十。M老师也在努力向政府与社会筹集资金，然而截至目前依旧收效甚微。

河南焦作习武之风浓厚，地方传统武术资源丰富，访谈的几个老师傅对于武术的热爱与坚持让人心生敬佩，老师傅们虽然年龄较高，但是在介绍自己拳法的时候都是边说边比划，其力度与速度都非常惊人，而且对传统武术的理解非常深入，对于传统武术的技击技法从理论到如何运用都非常有见地，有位师傅还提到要将传统武术与中国的传统哲学思想结合起来提倡"打有形于无形"等。

F中学在被定为布龙传承基地时，宁波市体育局拨付部分资金，但是学校开展布龙课程开发，每个班级配备一条布龙，学校自行筹集资金。

"现在学校传承布龙文化，资金问题是主要问题，当初体育局一次性给了一些钱，但是学校全面开展布龙进校园的花费真的很大，请专家来帮忙开发校本课程、编教材，每年都要购买新龙（因为布龙由竹条和布组成，很容易破损），这些都要经费。这些年体育局没有再拨付经费给我们，我们学校现在坚持开展，全是靠校长鼎力支持"。（F中学负责布龙管理的Mls）

体育非物质文化遗产作为区域大众所共同拥有的地方文化结晶，在学校传承中，想要将其发扬光大，不可能完全依靠学校自身的力量。学校经费专款专用，但是学校开展传承需要购买器材、支付指导教师劳务费，参加活动也需要经费支出，对于大多数学校来说困难重重，没有固定的经费来源极易导致传承活动夭折。所以需要政府在资金方面健全制度，同时也需要社会各界的积极参与，发挥各自的优势，汇集资金、人才等资源优势，形成传承合力。

5. 家长的支持

家长对于青少年学习传统体育有着很重要的影响作用，黄埔区龙狮运动协会Ggd在黄埔区学校醒狮传承中,就非常重视家长的作用。

"醒狮这个项目要想在学校开展,首先是要解决家长的思想认识问题,通过对家长讲解练习醒狮的好处,让家长对醒狮有一定的认识。因为学校开展舞狮社团活动,按照小孩子好奇好动的天性,绝对是有人报名的,关键是报名后能不能留下来坚持学习,这是个问题,家长的支持很重要。"(黄埔区龙师协会Ggd)

所以弘毅国术会目前在安排学生外出展演时,会先设一个集中地点,让家长送过来,再统一乘车出发;或是家长直接送到表演地点,让家长负责学生的安全,表演结束后再由家长带回,并建立微信群,把时间、流程发给学生家长,及时在群里沟通交流,让家长知道自家孩子的状况,从而将家长融入到子女醒狮传承的活动中,使学校、传承人、家长、学生等主体间的融合度得以提升。

焦作地区的初级中学开展陈氏太极拳传承,因地方政府将其作为中考体育必考内容,关系到学生的升学,所以受到家长的关心与重视。调查发现,家长们都很支持自己的子女在空闲时间练习太极拳,但都是练习考试的内容,有太极拳基础的家长会在家指导孩子的技术动作(按照考试打分的要求进行);不会太极拳的家长会督促孩子在学校好好跟老师学习,自己有空多练习。

博爱县月山八极拳在学校传承中,家长对于学生学习传统体育的支持力度极小。

"这边经济不行,在家没有钱赚。学生嘛,在学校就是要好好读书,文化课都忙不完,哪有时间打拳。读书最实在。"(博爱县D小学学生家长Bjr)

抱有这样思想的家长不在少数,导致原本拥有良好习武氛围的地区,家长主动支持子女课余时间学习武术的人数急剧下降。M老师遇到资质好的学生,免其学费,求学生练习,还要给家长做思想工作,让家长同意子女跟随练习。

"特别心塞,以前学习武术是学生求师傅传授技术,现在是教师求学生学习，特别悲哀。我认识一个老拳师，老师傅醉心于武术，收了几个资质不错的弟子进行武术学习，为了保证学生的生活（家长不愿意出钱让孩子学习），老师傅每天抽时间上山砍柴卖，来维持师徒几人的生活，让徒弟几人天天加强练习，但弟子们看到学习武术未来就是需要自己砍柴来维持生活，徒弟们觉得无法接受，后来都不学了，出门打工去了，养家糊口很重要，导致老师傅一身武艺无人可传。"（月山八极拳传承人M老师）

对于民族传统体育的认识，不少家长还存在认识误区，认为子女在学校练习这些项目会对其文化课学习形成冲击，耽误其升学考试，影响子女的前程；还有一些家长对习练传统体育的认识还停留在"调皮捣蛋的人才去学，学会之后会到处惹麻烦"上。

"老一辈学习舞狮的都是调皮的，醒狮学习有很强的宗族性，注重宗族性来源于村与村之间的竞争，传统的醒狮也学习武术。为什么学武术呢？通过习武这种形式把全村的人聚集在一起，传统农业社会中，村与村之间会有矛盾，比如争水源、争地，特别是一些小的村，容易受人欺负，所以需要全村人的团结来抵御外来欺压。所以早期学习醒狮的都是那些会武术的、调皮的、好斗的人。"（广州弘毅国术会主教练Gbw）

"在学校推醒狮的时候，很多老人家的思想观念还停留在以前的模式，不想让自己小孩去学习醒狮，怕小孩学坏。传统的醒狮平时没有时间玩，就是过年的时候玩，会得到一些红包之类的。这种行为在老一辈看来类似于乞讨，老人家不喜欢这种感觉。"（黄埔区龙狮协会Ggd）

所以解决家长对学校开展体育非物质文化遗产传承的认识问题尤为关键。地方文化部门、教育部门、学校、民间艺人都需要利用各自角色的优势，努力做好正面宣传。

"为了改变这种传统的对醒狮人的看法，在非物质文化遗产中心、文化馆、龙狮协会的努力下，通过一系列的活动推广，比如舞狮参加广州市的街舞大赛、广场舞大赛，加上分享、推广课，就是想通过这些努力使黄埔地区的家长慢慢改变这种思想。在学校开展醒狮传承中如何来扭转这种观念，是青少年传承传统文化最重要的一步，观念转变了，你要他们学什么都行"。（黄埔区非物质文化遗产中心Gzr）

家庭在学校开展体育非物质文化遗产传承中的作用不可小觑，没有家长的鼎力支持，学校开展的效果将会事倍功半。当前在黄埔区开展醒狮传承的学校中，学生参加醒狮社团的人在所有社团成员中算是比较多的，这主要得益于政府支持与学校宣传。

"一般家长的出发点是，孩子放学后，学校免费提供课外学习的机会，家长都会支持，反正比孩子在家玩游戏好。我们这边整个大环境不错，家长的水平也上去了，现在的孩子数量少，要的是精品，家长的观念有很大的改变。"（黄埔区文化馆Lgz）

"就像这几个孩子，这学期刚刚升初一，昨天开始上课了，我就问他们今天有没有空过来，本来他们今天是有课的，要是家长不支持，就会说打什么武术、舞什么狮呀？读好书再说啦，就不会赞同孩子请假出来参加比赛，而且也是家长自己负责把孩子送到比赛场地，在孩子还小的时候都是由家长亲自送到，当孩子大了之后，就是学生自己乘车过来了，比如这两个四年级的就是家长送的，初一的这几个就是自己乘车来的。"（广州弘毅国术会醒狮主教练Gbw）

"有一个小孩参与，就带动了一群的亲戚朋友过来观看。只要观众多，就很容易推。比如我家小孩有表演或比赛，在群里或朋友圈一发，欢迎大家前去看，就会有很多人去观看，观众就多了，场面气氛也就会很好。"（黄埔区龙狮协会Ggd）

家长支持不仅是学生参与传承的重要保障，而且还会扩大学校传承的社会影响力，通过"发朋友圈"等形式，吸引亲朋好友前来观看，加深项目在地方民众中的印象，巩固了项目传承的民众基础。我国舞狮运动项目丰富，2006年有四种舞狮运动被列入国家首批非物质文化遗产名录，但是发展至今，只有广东醒狮活跃于影视、地方重要节庆及民众红白喜事中，而徐水舞狮、襄汾天塔舞狮、临海黄沙狮子却渐渐淡出大众视野，其生存境遇极为堪忧。探其缘由，深厚的群众基础是广东醒狮生命绵延的重要因素。

二、当前学校传承体育非物质文化遗产的问题审视

在学校、政府部门、学生、家长、民间艺人们的共同努力下，学校开展体育非物质文化遗产传承取得了一定的成效。但学校开展体育非物质文化遗产传承仍处于探索起步阶段，还存在较多不足之处。

（一）人文教育价值的疏离

体育非物质文化遗产校园传承的初衷就是欲借助学校教育的系统化、科学化优势，使体育非物质文化遗产项目传承的同时培养学生正确的文化观与价值观，希冀儿童青少年通过学习传统体育文化外在表现形式来了解认知其深处蕴藏的民族文化精神内核，了解传统文化的历史脉络与时代特征，认知外在器物、技术表象与活态内核间的关联，使学生通过技术与文化的协同学习成为真正的非物质文化遗产活态传承主体，然而学校教育对传统文化重视度不够导致青少年、家长、社会对开展传统文化教育心存偏见，学校教育中对学生的人文教化力度与国家对青少年民族文化传承的要求不对等。

当今的实用性、功利性思想给校园传承传统体育文化带来一些负面效应，在功利主义驱使下，升学与就业的地位被无限拔高，其他课程的学习投入精力较少，特别是对于体育教学的偏见，部分青少年对学习体育非物质文化遗产的心理认知与校园开展传统文化教育的初衷存在一定差距。体育作为一门学科，与其他学科一起达成学校教育的目的，为促进学生身心健康与未来工作打下良好的身心基础，学校教学与考核评价采用的是直观、量化的形式，鲜有对学生人文修养、道德行为的评价。

当前多数学校传承体育非物质文化遗产采用以展示图片、播放视频、组织技术练习为主的静态物质文化保护形式，"缺乏理论的教学与研究，学生内心体验、态度、情感及价值观因所处文化环境的脱轨而得不到应有的提升和培养"[1]。民间艺人或教师只负责将技术动作传授给学生，较少与学生一起深入探究技术动作、仪式流程所蕴藏的文化深意；注重学生肢体动作的模仿，教学与考核关注的是学生技术技巧的掌握情况，忽视外在动作表象所承载的民族文化精神，其人文教育价值被疏忽。这种传承现状导致当前非物质文化遗产传承更多关注的是文化遗产本身的传承，忽略了对人的传承，"未意识到学生作为文化传承人的重要地位，缺乏对学生进行民族精神和民族价值观的塑造，这就使学生从小未能树立保护和传承文化遗产的'本体论'观念，缺乏文化自觉的意识，使文化遗产的保护和传承处于一种后继乏人的局面"[2]。缺失了传统文化精髓支撑的传统体育失去了灵魂，难以唤起学生对传统文化的认知与共鸣，削弱了校园传承传统文化的效能，也难以与在现代学校体育中原本占优的西方体育文化进行抗争。

（二）传承路径单一

1. 校与社区的联动境况欠佳

（1）学校身份属性的"去社区化"，融入社区不够主动

不同民族或区域共同体的文化具有明显的地域特征，学校在传承这些优秀地方文化时，不可脱离地域文化与生活环境，否则有悖于教育、文化、人三者之间的发展本质。学校传承体育非物质文化遗产，涉及学生传统文化培育、特色校园文化建设、体育非物质文化遗产项目传承与弘扬、优秀继承人的发现与培养等。学校与社区疏离导致学校不能主动探索地方乡土文化对学生的教育价值，进而对文化遗产的重视程度不够。目前，部分学校开设传统文化课程、成

---

[1] 邵玉萍. 民族传统体育非物质文化遗产的高校教育传承保护研究[J]. 广西师范大学学报：哲学社会科学版, 2011(6): 120-123.

[2] 熊湘华. 学校教育视野下的非物质文化遗产传承研究[J]. 贵州民族研究, 2013, 34(3): 60-62.

立兴趣社团、组织课外传统文化活动等,将民间艺人请进校园进行指导,但是这些多在校内进行。

当前学生在学校学习到的是经过加工改造过的地方传统体育文化,由于内容要符合学校教育特征及学校校本课程开发水平差异等,学生学习到的体育非物质文化遗产多以"碎片式""瘦身式"的形式表现,有悖于非物质文化遗产传承的"整体性"与"本真性"原则,原本这些遗漏的技术与仪式可通过青少年参与社区文化活动予以完善。学校缺乏与社区协同培育青少年优秀传统文化的主动性,出于"影响学校正常教学秩序""耽误学生文化课学习""外出安全问题"等原因,导致学生社区实践学习机会较少;社区组织文化演出功利性较强,直接让已成型的文化组织进行表演,这些组织成员多以中老年为主,儿童青少年占比较小。

(2) 进入学校传承场域的壁垒

场域 (field) 可定义为:"在各种位置之间存在的客观关系的一个网 (network),或一个构型 (configuration)。"[1]场域中各位置的关系是复杂的,包括支配关系、屈从关系、对应关系等。因此,布迪厄的"场域"不是一个地理空间,而是社会空间。

在学校场域中,儿童青少年以自己的方式进行感知、感觉、行为和思考,以无意识的方式内化纳入自身的观念和行为,并很可能形成惯习。这种惯习具有抗拒变化的倾向性,在人的生命中显示出某种连续性。所以,在学校场域传承中华优秀传统文化对儿童青少年具有基础性、持久性和深刻性的影响。

学校作为教育机构,相对社会场域的物理空间较为封闭与狭窄,却也便于管理与规范。传统体育依托学校传承就是要将传承场域由社区与家庭向学校转移,使原本自然随意的传承转化为规范科学的教育体系内容,所以传统体育社会传承形式与内容不可能完全适应学校教育,需遵循学校传承的目标、内容、方法手段、考核评价的范式。所以社会场域传承与学校场域传承两者之间差异明显。体育非物质文化遗产传承的传统环境是相对封闭、传承人员相对固定、

---

[1] 皮埃尔·布迪厄,华康德. 实践与反思——反思社会学导引 [M]. 李猛, 等, 译. 北京: 中央编译出版社, 2004: 133–134.

文化环境单一、生产生活相对简单，是通过直接或间接的教育来对区域大众进行濡化，从而使地方传统体育文化生命得以绵延繁盛。社会快速变迁的今天，出现多元文化，大众文化观念与眼界发生巨变，加之学校教育惠及所有民众，传统体育文化传承的原生场域被打破，需要依托学校教育进行传承与弘扬。

传统体育文化主要以自在的状态绵延于社会场域中，学生生活与学习主要在学校场域，虽然学校是社会的一个部分，但又相对独立，因此传统体育进入校园场域传承时，需要转化与创新，符合学校教育特征与青少年身心特点。然而当前校园传承体育非物质文化遗产存在较多不足，传承内容以成人的视角来选择、直接摘取部分内容充当校本教材，没有考虑到不同学段学生的身体素质、技能储备与心理认知水平；教学内容不同年龄段存在雷同，只是教学内容多少之分，没有考虑到传承场域变迁需要科学探究教学内容、目的、手段、评价等。这样，学生无法体验到该项目真正的价值与功能，不利于学生兴趣的培养与深入长远地习练。

2."互联网+传承"的运用缺乏

当前，人们越来越依赖信息化带来的成果。数字化应用可以改善非物质文化遗产的传承方式[1]。将非物质文化遗产信息化成果运用于教育实践，能改变当前非物质文化遗产传承的方式，可拓宽传承渠道，提高受众的学习兴趣。但是当前体育非物质文化遗产在中小学传承过程中的信息化技术运用较为缺乏，依旧沿用原始的单一面授形式，没有将有限的空间扩大，使校内、校外空间共同进行，使传承的空间从课堂延伸到课外，同时也没有考虑到信息化时代青少年的心里需求与兴趣。

3. 校园文化建设滞后

（1）物质文化

传统体育文化在校园物质建设方面较为薄弱，目前部分学校建立了传统文化长廊，以文字与图片形式予以宣传；极少数学校建有展示厅，展示以静态的

---

[1] 宋俊华. 关于非物质文化遗产数字化保护的几点思考[J]. 文化遗产，2015（2）：1-8+157.

器物和相关影像视频为主，缺乏动态展示与实践体验，无法给学生留下较深的印象。

（2）精神文化

深厚的传统体育文化学习氛围是校园传统体育精神文化建设的内驱力，这是目前较多学校传承传统体育文化所欠缺的。即使有部分学校在引进传统体育文化之初，在书面的传承规划中有提及，但是鲜有升华到学校办学理念之高度，以及体现在学校重要活动与学生学习生活中，故这些精神文化远离师生日常，不利于传统体育文化的传承。

（3）制度文化

制度文化是学校传承管理职能正常有序推进的重要保证，能高效协调人与人、与群体、与社会的关系，引领青少年的思想情感、价值观念与道德品质。当前一些学校在精神文化建设时，没有成立专门的传承组织，制定校园传承短期与中长期规划、相关管理办法与奖惩机制时科学性、实效性、可操作性、人文性不够。

（三）学校传承的保障措施乏力

1. 传承机制滞后

（1）沟通协调机制

①传承参与主体合作基础薄弱。

学校传承传统体育文化原本为学校个体行为，与社会各界联系较少。近年来党和国家高度重视传统文化对青少年的培育，学校开展传统体育是要求也是大势所趋，需要在政府指导下，教育部门、文化部门、体育部门、社区、地方高校、民间组织、社会传承组织等共同参与，在挖掘整理、课程开发、校园文化建设、展演与比赛、地方重要节庆参与等方面协同合作。然而这些部门和组织在机构设置上相对独立，合作基础薄弱，深入沟通交流较少。

②信息沟通粘滞。

在学校传承中,各传承主体互为信息源和信息受体,主体接受和传递信息,存在强烈的主观判断,导致其他主体获取信息有用度存在较大差异。由于缺乏专门的协调机构,没有对传承相关的信息进行及时汇总与总体判断与分类,故导致各主体信息获取速度慢,且对海量信息的甄别也存在问题。

③参与主体行政级别不对等造成协同不畅。

在学校传承体育非物质文化遗产中,各参与主体在行政级别上存在不对等,主体间存在上下级隶属关系,从而导致在协同传承过程中,参与主体存在不对等,在决策制定、传承实施、管理与监督、评估与反馈方面,上级部门有决定性权威与先入为主之优势,下级参与主体的话语权与主体性被严重削弱,更多表现为指示与执行,使得传承系统中各子系统原本独立平等的状态被破坏,引发协同不畅。

(2)资源共享机制

①资源共享观念薄弱。

"开放"与"共享"是十八大提出的发展理念,从当前调研结果来看,共享观念逐渐被参与主体接受,但是真正在实际传承过程中将"合作共赢""开放共享"落到实处的却较少,参与主体还没有真正认识共享的真谛,选择性的开放共享是当下实情。

②共享形式单一。

当前体育非物质文化遗产学校传承参与主体共享形式较为单一,主要表现在民间艺人与学校在技术教学上的资源共享,以聘请民间艺人为学校传承指导教师和本地学生参与该项目学习为主;资源共享时间相对固定,为学校课程规定时间、下午课外活动时间;共享对象固定且较为狭窄,以对该项目有兴趣的学生与本地青少年为主;共享内容多限于该项目技术动作的学习;当学生毕业升学或外出工作后,共享暂停或终止。

③缺乏统一领导与规划。

传统的"部门私有化"是体育非物质文化遗产学校传承参与主体实现资源共享的又一障碍,资源被各个部门或组织所拥有,受到各种因素制约导致大量资源被闲置。由于缺乏统一领导与规划,使得大量资源重复与浪费,优势未强化,劣势尤凸显，造成了体育非物质文化遗产传承过程中被动与困难的局势。

2. 相关政策法规针对性不强

政府在学校传承中华优秀传统文化方面，近年来颁布了相应的文件，如2017年中共中央办公厅、国务院办公厅颁布的《关于实施中华优秀传统文化传承发展工程的意见》，要求将优秀传统文化"贯穿国民教育始终""融入生产生活""加大宣传力度""加强政策保障"等。地方政府为传承地方优秀传统体育文化，向本地区学校下发文件，有意愿参与传承的学校报名参加，由地方政府提供部分启动资金，聘请代表性传承人、专家学者对指导教师进行业务培训，培训合格后回校开展传承工作。学校的主动参与有助于将传承作为学校工作的重要内容之一，学校会投入专项资金、修建场馆、购买传承所需器材、组织专门师资开展传承工作等；政府相关部门在学校传承中的角色由主导转化为引导，为学校提供一定的人力物力财力支持，起到助推作用。

目前对于中小学开展优秀传统文化传承，政府还未制定相关法律法规来肯定其地位，而且也没有明确指出国家和地方相关部门对学校传承进行的政策、资金、人力物力支持；地方政府鲜有成立专门负责传统文化进校园的领导小组或机构，相关利益主体依旧各自为战，未能形成合力；由政府部门负责的青少年传统文化交流与比赛较少，特别是由教育、文化、体育等部门联合举办的区域校园传统文化展演、交流、比赛较少。学校在实际实施中也存在较多问题，诸如学校领导的调换很可能导致该项目传承中断或是弱化；学校难以设置专项传承资金，使得传承的深度广度难以推进；学校传承需要教师专项负责，这又额外增加教师的工作量，且目前少有学校将其作为个人晋升的重要参考，导致学校在确定传承指导教师时难度较大。所以政府部门目前针对学校传承的政策尚不健全。

3. 民间资本介入较少

在当前学校开展地方优秀传统体育文化进校园过程中，民间艺人是学校开展传承师资的重要来源，而且一些民间艺人主动与本地学校联系，经双方沟通交流，达成合作协议后开始传承，学校只负责学生社团的管理工作、提供场地器材，以及学生外出展示比赛的费用。学生学习的内容、开展形式、学生日常管理等均由民间艺人负责，校方给予指导老师一定的劳务费用。社团的学生会参与学校和地方的重要节庆活动，在学校和地方取得一定影响力后，学校向政府相关部门汇报，政府部门为学校传承提供一定的资金扶持和人力物力支持。民间艺人团队在学校开展成功后，自身知名度得以提升，有想开展地方体育文化进校园的学校会主动联系这些民间艺人或组织，邀请其担任学校传承指导老师，促进项目传承的深度和广度，形成地方学校文化特色。指导老师来自社区，本来就与地方有着紧密的联系，有助于学生将学到的传统文化在实践中应用。

民间艺人在传承过程中，传承所需的资金是首要问题。"醒狮是个好东西，玩玩可以，但是把醒狮进校园作为一个事业坚持下去太难了，这个过程太漫长了，太累了，我们做了这么多年，虽然发展还不错，但是真正能跟我一起当教练坚持的人也很少。""其实最终的问题还是钱的问题，我有钱了，我的学员一毕业就可以跟我去做。"黄埔区龙狮协会Ggd认为："现在就是在摸索路径，有了资金就能把这些东西传承下去，就可以扩大团队规模，招聘教练员，进入更多的学校，这样就能保证传承的人多，学到的人才多"。

体育非物质文化遗产传承是需要社会各界共同参与的大工程，当今社会快速变迁导致传统体育文化生存土壤飞速消逝，传统体育的生存方式急需适应时代需求，单靠政府部门的资金注入与传统文化爱好者的坚守已难以将其发扬光大，社会力量的参与迫在眉睫。"生产性保护与传承"是体育非物质文化遗产现时传承可行之路径，需要社会各界关注文化技术挖掘整理、校园文化建设、校本课程开发、器材与服装的制作、展示厅或博物馆的建设、展演与比赛所需经费、创新传承与创造转化等各方面，减轻学校与政府部门的经费负担。由于参与文化建设投资大、见效慢、收益迟、周期长、风险高，民间经济组织参与度较低。

4. 监管缺位与评估缺乏

学校传承体育非物质文化遗产是在政府指导下进行的，建立传承基地，然而后续监管不力现象较为普遍，缺乏对校园传承效能的及时评估与反馈。调研发现，目前还未有专门针对学校传承非物质文化遗产的评估体系，非物质文化遗产中心年终考核传承学校的内容较为简单，仅以传承学校上交的年度开展事项与照片等资料作为考核依据，规范性与科学性较差，导致部分学校体育非物质文化遗产进入校园开头红火，后续乏力，严重背离学校传承优秀传统文化之初衷。

5. 社会传承组织缺乏

过去传统体育文化是以血缘宗族与近似血缘的师徒关系进行传承，传承对象相对固定单一。社会快速变迁导致体育非物质文化遗产原有传承体系破灭，国家成立了相关传承部门，如国家、省、市、县非物质文化遗产保护中心、项目传习所等，但是近年来国家对优秀传统文化需求的急剧增加，导致原有部门不能满足现阶段的需求，需要成立各种民间协会等社会相关传承组织来改变当前的困境。

6. 学校传承教师数量与质量亟待提升

缺乏合格的教师队伍是当前学校开展体育非物质文化遗产进校园的又一困扰，这一现象在中小学尤为明显。当前学校开展传承的教师来源主要有：直接聘请民间艺人担任学校社团指导教师；招聘民族传统体育专业毕业生担任学校传统体育教学与训练的教师；学校派出专门教师跟随民间艺人学习，学成后再开展；地方文化、教育、体育部门以合作或独自承担的形式进行学校教师培训；学校聘请民间艺人进校，学校再专门指定教师跟随，逐渐过渡为本校教师担任指导教师等几种形式。目前还是以直接聘请民间艺人担任学校指导教师为主，学校教师由于自身工作负担重，较少参与其中，而民间艺人有时间承担学校传承指导的任务，但基本未经过正规的教师教育专业学习，"会做"而"不会教"是较多民间艺人在学校传承实践中的真实体现。

学校传承需要规范科学的讲解与示范，传承效率尤为关键，所以民间艺人担任学校传承指导教师时在教师教育方面亟待提升；很多民间艺人外出务工，或是在政府部门、企事业单位工作，无法抽出时间去学校指导学生练习，导致不少学校欲开展传承，却苦于无合适的指导教师。

7. 家长对于子女参与的支持度不高

首先，当前部分家长对传统体育文化的认知存在偏见。作为传统社会形成的体育文化，一些家长会认为小孩子学习传统的东西是没有前途、没有出路的。

其次，家长缺乏支持与主动参与。通过实地考察发现，不少家长对学校开展体育非物质文化遗产传承的关注度较低，认为学习这些传统东西作用不大，可能还会影响文化课学习，导致目前学校传承中家长的参与度与支持度不高。

针对当前学校传承体育非物质文化遗产的现状，取得一定效果的同时，也存在较多急需改进优化之处。依托学校这一主阵地开展体育非物质文化遗产传承，已是当今民族文化传承的必由之路。实地调查与分析发现，体育非物质文化遗产进校园中，对学校提出很高的要求，学校需要付出的精力也很多，而社团教学形式灵活，不占用正常教学时间，还能保证学生对项目技术掌握的深度与广度，进而形成良性传承梯队。

学校社团开展体育非物质文化遗产传承依靠个别单位、个人已不能适应当今社会的需求，学校、社区、政府部门、社会组织、民间艺人等相关利益传承主体的深度协同与创造创新才是时代之诉求。

第四章 体育非物质文化遗产学校社团传承的理论基础

学校社团开展体育非物质文化遗产的创新需要科学的理论予以指导，其目的是整合学校传承所需的资源、信息、人力与行动，使参与主体间的知识信息共享、资源优化配置、行动最优同步。协同创新理论研究开放系统内部要素之间的整合与互动，运用协同创新理论，探讨学校社团传承整体系统中子系统的运行规律，为体育非物质文化遗产学校社团传承的设计提供理论依据。

一、协同创新理论概述、特征及原则

（一）协同创新理论概述

协同是指事物或系统在联系和发展过程中各要素之间有机结合。"协同"这一概念由德国著名物理学家哈肯在20世纪70年代提出，并于1977年出版了《协同学导论》，建立了协同学科。协同学从系统演化的角度，研究自然界和人类社会各子系统在物质、能量、信息作用下产生非线性相互作用而形成协同效应的机理与规律[1]。其中心议题是探讨支配生物界和非生物界的结构和功能的自组织形成过程中的某些普遍原理[2]。它重在揭示自然界普遍存在的有序、无序及其相互转化的基本规律，系统产生有序状态，会使各种力量汇集起来，形成一股强大的合力，产生 1+1>2 的整体功能；反之，如果系统呈现混乱无序状态，会使各种力量相互排斥或抵消，发挥不了整体功能[3]。

协同学研究的对象是系统，"系统各要素间通过非线性相互作用而产生某

---

[1] 蔡小葵.运用协同理论探索大学生思想政治教育中的协同机制[J].内蒙古师范大学学报：教育科学版，2013（11）：72-75.

[2] 陈劲.协同创新[M].杭州：浙江大学出版社，2012：32.

[3] 高文宇.协同理论及其教育教学价值[J].科学大众，2007（6）：44.

第四章　体育非物质文化遗产学校社团传承的理论基础

种协同与竞争，从而推动系统的自组织不断演进，是协同学的精髓所在"[1]，研究包括远离平衡态的开放式系统与相对平衡态的封闭式系统，深入解释系统的递进演化规律，认为系统从表面上看存在各自特质与个体差异，但其演化过程具有一定相似性[2]。系统从无序到有序需要外界条件达到质变的阈值方可实现演变，才能使系统结构有序化。协同学视角分析系统存在个体属性差异，但是把这些系统放在整个生态环境整体系统中，各系统间必然存在关联与影响，存在相互制约或促进功效。所以以协同学理论指导，可打破原来系统之间、学科之间、领域之间的藩篱，使整体系统中的各子系统内部要素、要素与系统、系统内部与外部、系统与系统之间非线性作用，实现互补共赢、协同共生。其基本原理包括协同效应、伺服原理、自组织原理。

奥地利经济学家约瑟夫·熊彼特在1912年发表的《经济发展理论》从经济学角度首次提出了"创新"这一概念，认为"创新就是建立一种新的生产函数，是企业家对生产要素的新组合，其中任何要素的变化都会导致生产函数的变化从而推动经济的发展"[3]。创新首先是主体的一种行动，包括思想认知与行为实践，具有鲜明的目的性，是主体经过深思熟虑后，为满足需要而进行的探索与尝试，是有目的、有动机的主动性行为；其次，创新一定伴随成果，不论创新成果是实物或是精神形式，但所生成的成果在一定的领域需产生效益，那些只存在于想象或仅有过程，以及对社会没有任何益处的行为均不能称之为创新。

创新作为一个系统，是一个有机的整体。整体系统中各要素之间、要素与整体之间相辅相成、不可分割。按照系统理论，系统整体功能不是各要素功能的简单叠加，各要素在系统中相互影响、促进，其功能得以放大，量变演化为质变，从而产生原本各要素所不具备的新功能。创新的要素需置身于创新系统中方可成为真正的创新要素，也才具备创新要素的功能与作用，系统中任何要素发生变化，都有可能引起其他相关要素的连锁反应，从而使得整体创新系统

---

[1] Haken. Information and Self-organization：Amacroscopic approach tocom-plexsystem [M]. Springer Verlag，1988.

[2] 郭治安，等.协同学入门 [M].成都：四川人民出版社，1988：25.

[3] 约瑟夫·熊彼特.经济发展理论 [M].何畏，等，译.北京：商务印书馆，1990：73.

的结构与功能发生改变。创新系统中的要素是根据各自特征与功用，按照一定的比例与秩序构成的有机整体，具有动态稳定性，具备特定性质与功能。系统中的创新要素具有层级性，要素间有上下、左右之关联，并与外界环境保持密切的关联。

2006年Gloor提出"协同创新"这一概念，Veronica等（2007）对协同创新理论进行了探讨，认为协同创新主要指系统内部各要素相互衔接，创新参与主体间资源信息共享、配置优化、行动协同[1]。"作为一种复杂的新型组织方式，协同创新是指围绕着自主创新三大形态即原始创新、集成创新和引进消化吸收再创新统领下的具体创新目标，由多主体、多学科、多要素、多方位、多层面共同协作、相互契合、共同努力的组织行为及其方式。"[2]沟通、协调、合作、协同是当今社会创新的重要价值理念，是促进科技、文化、经济、民生等各行各业高效发展的重要路径。在协同创新系统中，实现资源共享与科学调配，信息及时互通，各要素有效汇聚，围绕共同目标，充分释放人才、资本、信息、技术、制度、组织等要素的活力，各主体之间相互配合、合作与整合，发挥各自的优势，获取外部性效应，打破主体间的壁垒，产生"各种分散的作用，在联合中使总的效果优于单独效果之和"，降低成本，提高效能。

协同创新作为一个系统，表现为以下几个方面：其一是系统性。协同创新是多要素构成的生态系统，要素间的协同整合不是简单形状与功能的叠加，是在组织方式与价值目标统一整合基础上的有序互动演化，实现资源与功能的调和、放大，实现整体系统效能提升。其二是动态性。协同创新作为创新生态系统，系统中各要素在协同创新过程中及外界环境改变的情况下，新思想、新观念不断产生，原定协同创新的目标、运用的手段、相关组织机构的设置、政策法规制定与实施、资源获取与配置、协同创新绩效评估、相关利益主体权责利的分配等都存在动态发展性，不断打破原有平衡态，在"平衡—不平衡—平衡"的演进中，实现螺旋上升。其三是互通性。协同创新系统是开放包容的，为实现系统整体的共同目标，各要素间要打破原有学科、领域、体制的藩篱，

---

[1] Veronica Serrano Thomas Fischer. Collaborative innovation in ubiquitous systems[J]. InternationalManufacturing.2007（18）：599-615.

[2] 邱柏生，刘巍. 试论思想政治教育学科建设的协同创新[J]. 东南大学学报：哲学社会科学版，2014（6）：5-9.

实现资源整合、信息共享、行动同步、匹配科学有效，实现系统内部各要素间、系统与外界环境之间的沟通、交流、共享。

（二）协同创新的特征及基本原则

1. 协同创新的特征

首先是协同创新环境的生态化。协同创新系统不是固定不变的"死"态，是开放包容，系统内部各要素不断合作、融合、发展，系统与外界环境密切交融互动的"活"态系统，其生态化表现为以开放式创新和网络化创新为基础，系统各要素有序聚集融合，系统网络节点互为依存、沟通共享、反馈交流、共生共存，在不断的适应与反应进程中，在自身成长与外界帮扶下，子系统与整体系统都在不断地演进与升华，超越本体功能，催生整体效应。其次是协同创新成果的共享。协同创新系统中的各参与主体，必然存在参与的利益驱使，参与协同的目的就是希冀通过团队合作来达到效益最大化，并根据各参与主体在协同创新过程中的贡献度来获取与之相匹配的效益，分享成果是系统参与主体的动机。最后是协同创新发展的可持续。协同创新是一个自组织系统，系统要素间、系统与外部环境之间的关系多种，既存在协同互助，也有竞争制约，在多重关系的催动下，系统不断完善与进化，使得原本各要素间不稳定、不和谐态渐为消逝，转向稳定、长期、和谐、共生的深度协同，使系统的结构更加稳固，机制健全，保障完善，促进参与主体的主动性与能动性，让协同创新更具生命力，确保发展的科学化与可持续性。

2. 协同创新的基本原则

其一是资源共享。协同创新的优势就是将整体系统的资源科学有效地进行分配，统一协调，实现各要素资源优势放大、劣势改善，形成整体协同效应。资源吸纳与分配坚持各子系统相似资源合并、稀缺资源加大投入、信息及时互通、付出与收益相匹配，平衡参与主体的利益诉求，放大协同创新效能。其二是路径协同。协同创新系统中的参与主体存在明显的个性特征，级别、规模、影响力等都有不同，但是作为系统的组成因子，各主体在各自岗位上发挥自我领域优势，是实现整体预期目标不可或缺的部分。在协同过程中，各参与主体通过深入沟通、交流、了解、认知，正确对待其他主体在文化理念、优势与不足等方面的差异，围绕共同的目标，互相理解、包容与支持，加强主体间的关系，在冲突与矛盾面前理性分析，寻找最优解决途径，增加主体匹配度与融合度。其三是组织协同。协同创新目标的实现需要整体系统宏观调控，更取决于相关利于主体的参与度与贡献度。宏观调控方面，要成立整体协同创新调控组织，由各子系统专业人员共同参与组成，从专业、宏观的视角来制定发展规划，协调各参与主体间的资源分配、传承过程实施指导与传承效能评估等相关事宜。各协同创新参与主体组织内部要围绕整体系统目标与本组织参与目标设计协同创新的相关行动，同时要积极与其他参与组织密切配合，形成高度紧密的协作关系。

二、体育非物质文化遗产学校社团传承与协同创新的联系

时代在发展，社会在进步，我们需要在不断的社会实践中求新求变。协同创新强调合作中的共赢和整体最优，强调异质性的合作主体发挥各自的能力和优势，整合不同合作主体的资源，实现优势互补，加速创新成果的推广进程，实现知识的增值[1]。

（一）体育非物质文化遗产学校社团协同创新传承的实施前提

1."人的需要"是学校社团传承的前提

体育非物质文化遗产所体现的民俗特质，存在于民众的日常生活与节庆祭祀中，有着中华民族文化的印迹。在千百年的传承历程中，受到大众的认可与喜爱，其文化功能从过去的祭神祭祖演变为娱人娱己，成为地域文化共同体的重要组成部分。在当今，经济快速发展带来了空前的物质财富，人们需要与之匹配的精神食粮来丰富自我生活，中华民族传统体育文化源远流长，多民族、

---

[1] 陈劲，阳银娟. 协同创新的理论基础与内涵[J]. 科学学研究，2012，30（2）：161-164.

多地形孕育了丰富多彩的民俗体育活动，能为学校开展社团活动提供丰富的素材。

"以人为本"的思想观要求体育非物质文化遗产传承要以"人的需要"为认识的出发点，关注人的生存需要与发展需要。体育非物质文化遗产传承的协同创新追求参与主体习练过程中技术技巧、体质健康、文化礼仪、社会交往、心灵涵养等诸能力的有效促进，满足参与主体的需要，在习练过程中，印证自我存在，正视本我发展，认同超我价值，推动个体自我完善，从而促进个体与个体、个体与群体、群体与群体之间的和谐共进。

2. 体育非物质文化遗产学校社团协同创新传承符合教育本体论理念

体育非物质文化遗产作为代际传承下来的具有历史温度的文化形态，"活态"传承是其核心本质，体育非物质文化遗产外在技术表象与内在文化精髓都需要关注生命，学校传承体育非物质文化遗产是对儿童青少年的"生命教育"。学校社团传承体育非物质文化遗产的受众是文化、思想、身体快速发展的在校学生，关注学生的需求、注重学生的生命健康、培育学生的传统文化。功能耦合是特征，协同传承是方式，有序传承是目标。在达成传承整体目标的前提下，尊重参与主体的个性发展，激发主体的主动性与能动性，实现不同主体、不同层次传承目标的共赢。

（二）体育非物质文化遗产学校社团协同创新传承的达成原理

协同理论是校园协同创新传承体育非物质文化遗产的理论基础，学校开展体育非物质文化遗产传承活动，是以学校为基点，协同相关利益主体共同构成的传承生态系统，其传承开展受系统内部相关要素影响，也与外界环境密切关联。协同效应、伺服原理、自组织模式是协同理论的三个重要内容，协同效应的本质是开放共享，是母系统中的子系统相互交集产生的集约效应，使得整个系统变得有序、高效、稳定。从协同创新理论的角度审视，体育非物质文化遗产传承是一个开放性的、具有创造性与创新性的系统演变历程。

1. 传承资源的协同共享

资源共享与充分开放是体育非物质文化遗产协同创新传承的前提，为了实现传承弘扬传统体育文化这一目标，体育非物质文化遗产传承相关利益主体要通过开放、交流，使物力、人力、财力、信息、技术共享互助。信息与资源共享、组织配置优化构成强有力的体育非物质文化遗产学校传承体系。

2. 传承演化的动态交替

耗散结构理论指出，在外界作用力下，系统通过引入负熵流以推动系统远离平衡态。体育非物质文化遗产能传承至今，与时俱进是其生命绵延的关键。"非平衡状态"是系统有序结构形成的必要条件，协同创新是一个有序结构的完整系统，系统中的各要素是独立自主的，有着各自的特征与差异，作为系统的组成单元，又存在互补与共生。当外部条件发生改变时，组成系统的各要素对外在影响的适应存在差异性，打破原有的相对稳定的平衡态，发生系统的自组织演化，同时由于系统要素之间的共生互补，使系统由无序演化为有序结构。特别是当今信息化时代带来的生产生活方式剧烈变化，社会系统相对平衡态被快速打破，体育非物质文化遗产传承的原生态系统不复存在，需要传承系统各要素快速协同创新，构建新的平衡体系，这也是体育非物质文化遗产协同创新传承的必要条件。

3. 创新发展的非线性

自组织理论指出，系统协同演化的内部动力来自于系统中各要素或子系统间的非线性相互作用，主要体现在系统组成要素之间既是独立存在的个体，又有着相互关联的作用，各子系统之间在协同创新过程中所产生的作用与反作用是多向的、随机的、不对称。

在协同创新传承体育非物质文化遗产过程中，用自组织理论的非线性原理进行分析可发现，协同创新系统中，各传承主体之间为独立存在的单位（组织或个体）。但从利益相关者角度分析，各主体是保证社会变迁背景下非物质文化遗产传承不可或缺的组成部分，所以在协同创新传承系统中，各传承子系统是相互耦合的，通过协同、创新、创造形成新的整体。通过协同创新活动，原始单一的师徒传承转换为代表性传承人与政府相关部门、社区、学校、民间组织、项目爱好者、学者产生耦合作用，并结合现代信息技术支持的传承手段，产生协同创新传承效应。

4. 随机涨落是传承发展的诱因

随机涨落促进一个远离平衡态的开放系统从无序走向有序，即涨落导致有序[1]，随机涨落是无规则、偶然出现的。涨落是系统中各要素在宏观上保持相对平衡的一种常态，当涨落幅度微小不对整体产生影响时，可忽略；当涨落幅度超过系统整体的承受能力时，系统通过非线性的作用与反作用，发挥自身的调控能力，将整体中的子系统重新调节到相对稳定态，通过稳定—不稳定—稳定这一动态发展过程，以突变的形式使系统整体形成新的有序结构，放大系统。涨落分为内涨落与外涨落。在体育非物质文化遗产协同创新系统中，内涨落来自于影响传承主体的各类因素，如组织内部改革、新技术、新制度、新举措等；外涨落是外界环境对传承的影响，包括国家大政方针、社会变迁带来的文化危机、国家文化复兴的战略、百姓物质生活富足促进精神生活的刚性需求、大众对民族传统文化的重新重视等。这些内外因素不断影响协同创新传承体育非物质文化遗产系统的无规律、无序运行，促使各传承主体、要素、资源、信息、技术的协同演化与创新发展，使整体系统不断出现涨落。

三、体育非物质文化遗产学校社团协同创新传承的内涵及特征

社会快速变迁的今天，经济、文化、教育、科技的飞速发展，师徒传承模式显然不能很好地适应时代之发展，传承规模小、传承手段单一落后、传播推广弱等严重威胁传统体育文化的传承。依托学校教育的优势，对体育非物质文化遗产进行学校社团传承研究迫在眉睫。传承与弘扬中华传统文化需要相关

---

[1] Graham R, Haken H.Fluctuations and Stability of Stationary Non- equilibrium Systems in Detailed Balance [J]. Zeitschrift fur Physik, 1971, 245（2）: 141–153.

传承利益主体的共同努力，展开深度交流与协作，打破主体间的壁垒，突破学科、专业、部门、领域、行政级别的藩篱，实现传承资源的整合与优化，释放传承参与主体的活力与能动性。

（一）体育非物质文化遗产学校社团协同创新传承的内涵

1. 人文化传承导向

党和国家高度重视优秀传统文化进校园，就是希望青少年学生通过学习传统体育文化，使之了解、认同本民族优秀传统文化，看重的正是体育非物质文化遗产所蕴藏的人文教育价值，这也是中华传统体育文化绵延流传、区别于其他民族文化的核心所在。在以人为本的指导思想下，学校社团传承体育非物质文化遗产的总目标是注重对学生的人文教育，关注新时代青少年学生的兴趣与需要，尊重学生的人格与个性。

学生作为生命个体，有着独立的人格，在学校社团开展体育非物质文化遗产传承活动中，必须将尊重学生人格放在重要位置，不能想当然地认为学生应该怎么做、怎么学，切忌强制灌输式教学；要多与学生沟通交流，清楚他们所思所爱，理解与体谅学生在学习传统体育文化过程中表现出的负面情感与抵触行为，分析其原因所在，找寻解决途径，使其接受与认可传统文化，切实做到以学生为本。要激发青少年学习传统体育文化的积极性与主观能动性，培养社团学生传承体育非物质文化遗产的主体意识，使学生由传统的被动接受转为主动探究。在学习传统体育文化的同时，引导学生探索其蕴藏的传统文化深意，通过学校学习、活动展演、社会实践等路径，升华人格、价值观、德行。

2. 现代化传承介入

体育非物质文化遗产在进入学校社团传承实践中，在保持其外在表演形式与内在文化精髓的整体性与本真性前提下，对传统体育文化实现创造性转化与创新性发展，符合时代特征，满足社会需求，增加传承载体现代化。在信息化时代环境下成长的当代青少年，传承体育非物质文化遗产时，须顺应青少年学习与生活习惯，关注其兴趣之所在。将信息化技术运用于体育非物质文化遗产学校社团传承，能将有限的空间扩大，使校内、校外共同进行，还能使传承的时间从课堂延伸到课外。所以体育非物质文化遗产学校社团传承要正视信息化，建立网络传承平台，为学生提供在线学习与交流的机会，吸引更多的青少年学习、探索、传承与推广本民族优秀传统体育文化。同时必须考虑体育非物质文化遗产是以技术动作为载体，运动实践是本质，传统传承方式中很多优秀的传承经验在体育非物质文化遗产学校社团传承过程中也要得到应用。

3. 多元化传承趋势

学校社团协同创新传承系统的各子系统在性质上属于独立个体，但作为系统组成要素，在关系上是互补共生的，其结构是变化发展的动态演化状态，当外界环境发生改变到能影响系统平衡态时，系统自发驱动各要素互通、生长，形成新的平衡态。学校社团作为学校的重要组织，对学生进行传统体育文化教育不可能脱离社会，需要相关单位、社会组织的共同参与，充分发挥各自特长，实现不同领域、不同学科、不同组织围绕青少年传统文化传承这一总目标的深度协作，形成一体化传承系统。

（二）体育非物质文化遗产学校社团协同创新传承的特征

1. 协同创新传承目标的远大性

学校社团协同创新传承体育非物质文化遗产系统中，传承参与主体有着各自的利益动机，所以传承过程中要充分尊重参与主体的利益需求，设计传承系统总目标要考虑到各个参与要素的现实境况与未来发展潜力，目标设计要有大视野、大气魄。要深入分析与研究国家对传统文化传承的相关政策法规，特别是针对青少年传统文化培育的文件，在制定传承规划时，要将相关文件的指导精神作为长期规划的指导，给予校园长期开展传统体育文化传承广阔的空间。各子系统传承分目标的设计要结合各自领域特征，结合时代发展趋势，以及自身能力积淀等要素，立足当前、放眼未来。总之在传承目标制定过程中，要站得高、看得远，结合现实、突破常规，分析整体系统的潜力与发展协同力，制定科学、远大、可持续、可操作的宏伟目标。

2. 协同创新传承系统的开放性

系统必须是开放的，才能保持与外界环境的物质、能量、信息交换。传统的学校教育与社会脱离较为严重。学校传承传统文化不能单打独斗，要打破有形与无形的阻隔，走出校园，积极主动与社会联动协作。进行传统文化传承，使青少年成为完整的人，并将所学知识与技能反馈于社会，达到学校社团开展体育非物质文化遗产传承的初衷与目标。学校社团以开放的姿态推动协同创新生态系统发展，使学校教育、社区教育、家庭教育协作融合，关注参与主体的发展，勇于创新，推进整体传承系统的有序演化。

3. 协同创新传承成果的社会性

体育非物质文化遗产具有区域文化共同体的文化基因和精神特质，是一种鲜活地保留了富有地域特色的民族文化的活态文化遗存。协同创新传承体育非物质文化遗产的成果理应归社会大众共同享有，这是非物质文化遗产性质决定的。文化建设的本质即公益，传承参与主体在获得各自利益的同时，要以社会文化的繁荣与国家文化的强大为传承实践的内驱力，积极投入物力、财力、人力等资源，多途径、多渠道让社会各界共同参与到传承中。

4. 学校协同创新传承系统的整合性

（1）传承参与主体的共生共存

传承的参与主体是构成协同创新传承系统的核心要素，参与主体要深度协作、相互推进传承实践，使系统良性有序地发展。所以，各参与主体在协同传承实践中，需本着互惠互利、独立平等、深度协作的原则，强调系统整体功效远大于个体功能简单叠加，建立多主体共同参与的交流协作平台，实现参与主体的共生共存共赢，要求相关利益主体明晰自己在整体传承系统中的权责利义，完成本职任务，积极协助其他参与主体，促进子系统的快速演进与整体系统合力效应的生成。

（2）传承资源的互补共享

社会快速发展促使经济、科技、文化、教育等领域原有发展模式发生转换，跨行业、跨领域、跨学科、跨部门的特征尤为凸显，所以体育非物质文化遗产的学校社团传承，需要融合社会各界传承资源，加强人力、物力、资金、信息、技术、文化的汇聚与共享，实现资源互补，推动协同创新传承系统可持续发展。学校社团是特殊的社会组织，有着自身特质与表征，学校是社会的学校，学生是社会的人，以传统体育文化为介质，培育社会需要的具有中华民族文化基因的民族未来生力军是学校教育之职责。既然是为社会培育人才，学校社团开展体育非物质文化遗产传承理应主动积极地与社会各界合作，实现资源共享，优势互补，协同共生。

四、体育非物质文化遗产学校社团协同创新传承设计与实施的核心要素

学校社团开展体育非物质文化遗产传承，要改变当前体育教师或民间艺人独立承担校园传承体育非物质文化遗产的局限，超越学校生态空间，建立政府、学校、社区、社会组织等多主体参与的"政、产、学、研、用"一体化生态传承系统，实现资源、人才、信息、文化、技术等研究与实践的共享共生。

（一）统筹与合力

学校社团协同创新传承体育非物质文化遗产的初衷就是要高效整合与利用社会各界相关资源，形成共享与互补，通过协同创新传承，产生协同效应，提升传承功效。在协同创新传承系统中，各传承主体优势与不足并存，整合整体系统资源，有效分配，弥补各主体的不足。

1. 统筹协调传承资源

体育非物质文化遗产依托学校社团传承的研究，必须结合时代背景思考，

分析社会生态环境的本质特征与学校教育系统的特质，要充分调动资源，宏观统筹协调学校资源、社会资源、政府资源、家庭资源，为学校社团传承体育非物质文化遗产服务。在"五大发展理念"的引领下，新时代传承传统体育文化需要融合传承资源，加强人力、物力、资金、信息、技术、文化的共享，构建资源共享机制，推动协同创新传承系统可持续发展。还要充分挖掘各主体所蕴藏的资源，充分利用社会各界资源，摆脱固有的"等、靠、要"被动资源输入，积极主动吸纳各方资源，建立融合相关传承利益主体一体化的传承创新网络，并对所获资源统筹规划及优化整合。

（1）学校资源

学校作为特殊的社会生态系统，也遵循系统的基本规律，体育非物质文化遗产校园传承的健康发展，需要统筹学校一切可利用的资源。首先要统筹人力资源，体育非物质文化遗产传承包括外在技术与内在文化的传承，对青少年实施传统体育文化教育需要多学科教师共同参与。其次要努力营造适合传承发展的生态环境，建设特色校园文化，校园物质文化建设要围绕传统体育文化设计，建立传统体育文化展示厅、传统体育文化长廊、开发校本课程、设计相关的雕塑与标志等，打造适合传承的校园环境。校园精神文化建设要结合本校历史与办学理念，设计与传统体育文化传承相关的校训、开设传统文化知识讲座与交流会等，以社会主义核心价值观引导学生树立民族文化自信。校园制度文化方面，要建立由多主体构成的校园体育非物质文化遗产传承小组、制定传承规划与校园传承管理办法等，以制度保障传承有序开展。校园活动可为学生提供展示自我、发展自我的平台，通过参与校园文化活动，感受中华传统文化的魅力，并内化为习惯。

（2）政府资源

在我国非物质文化遗产保护与传承中，政府一直起主导作用，在人力、物力、资金等方面予以投入，同时宏观指导与协调相关部门。学校开展体育非物质文化遗产传承时，与教育、文化、体育等相关部门密切配合，由于各个部门有着自己独立的系统，在支持学校传承过程中，存在部门本位主义，导致资源缺乏或重复浪费等，影响传承进度与效度。首先要成立由政府相关部门人员参与的校园传承组织，考查分析学校传承过程所需的资源投入，共同商讨传承规划与资源配备，确保学校资源需求的稳定来源于科学高效。其次各部门要开展与传承相关的活动或比赛，利用政府的影响力，加大宣传力度，为学校搭建展演与交流的平台。

（3）社会资源

传统体育文化的根与源就是社会生态大环境，是学校社团开展体育非物质文化遗产传承的重要支撑。社会资源能为学校社团开展传承提供文化与技术支持，学校开展传承需要民间艺人的参与，提供项目历史源流、文化内涵、技术技巧、仪式流程等素材，并参与学校传承实践的指导工作，确保非物质文化遗产传承的整体性与本真性。学校社团传承需要与社会各界深度协作，为学生提供体验与实践的机会，使学生将理论与实践深度融合，升华为对民族传统文化的认知、认同与自信。社会相关组织能为学校深入开展地方传统体育文化研究与推广提供资金支持，将地方传统文化研究成果与公司运营融合，获得文化经营收益。

（4）家庭资源

家庭对学校社团传承提供支持。学校通过邀请家长来校参与学生学习实践，增强学校与家庭的联动，让更多的家长参与支持学校传统体育文化传承工作，扩大校园传承影响力，同时带来更多的资源介入与合作交流机会。

2. 形成生态合力

协同创新生态传承系统具有统一、丰富多样、开放循环等特征，强调整体效应与功能，系统所形成的生态合力要求系统中各要素之间的结构与功能互补、互生、互存与互荣，在同一传承目标下，形成统一的传承实践着力点，构建协同互动的传承机制与传承保障，实现系统动态平衡与有序发展。传承场域由单一、封闭的学校转向多场域联动的开放、循环生态合力场域，在生态传承系统中，传承主体由学校转向学校、社会、家庭、政府等多主体网络结构，要求校内外联动协作，将学校内部传承资源与社会各界资源共享，实现整体系统的要素融合互通，使全社会共同关注与参与到青少年传统文化教育事业中来。

（1）社会大生态系统视域

为保护与传承民族优秀传统文化，2011年6月颁布并实施的《中华人民共和国非物质文化遗产法》指出，"国家鼓励和支持开展非物质文化遗产代表性项目的传承、传播"，要求县级以上人民政府文化主管部门要支持代表性传承人参与社会公益性活动，并提供必要的经费资助其开展授徒、传艺、交流等活动，代表性传承人需开展传承活动，培养后继人才，县级以上人民政府应组织相关部门开展宣传、展示非物质文化遗产代表性项目，学校应开展相关的非物质文化遗产教育，新闻媒体需开展非物质文化遗产的宣传与普及。

为实现中华民族文化的伟大复兴，增强国家文化软实力，2017年1月中共中央办公厅、国务院办公厅印发了《关于实施中华优秀传统文化传承发展工程的意见》，指出"文化是民族的血脉，是人民的精神家园""中华文化是中国特色社会主义植根的文化沃土，是当代中国发展的突出优势"，要求到2025年，实现中华优秀传统文化传承发展体系基本形成的总体目标，要将传统文化教育贯穿国民教育始终。以幼儿、小学、中学教材为重点，构建中华文化课程和教材体系，高校开设中华优秀传统文化必修课，推进职业院校民族文化传承与创新示范专业点建设，加强面向全体教师的中华文化教育培训，全面提升师资队伍水平。保护传承文化遗产，滋养文艺创作，融入生产生活，加大宣传教育力度，推动中外文化交流互鉴，加强组织领导、政策保障、文化法治环境建设，充分调动全社会的积极性、创造性。学校社团在开展传承中，需综合利用政策法规、媒介舆论、时代需求，形成环境合力，支撑与保障协同创新传承生态系统的运行。

（2）教育生态系统视域

传统文化培育是一个长期、系统的工程，需要不同学段教育形成合力，根据不同学龄段学生的身心特征，设置与之匹配的动作技术与文化内容，形成幼儿园、小学、中学、大学一贯制传统体育文化培育体系，纵向贯通，有序发展。幼儿园阶段将传统体育文化设计到幼儿学习与生活实践中，通过仪式体验、情景感悟、动作体验等形式，给幼儿种下传统文化的种子；小学低年级，培养儿童对传统体育文化的亲切感，学习传统体育的基本礼仪、英雄轶事、基本技术动作等，培养热爱传统体育文化的感情；小学高年级阶段，在实际学习传统体育文化的过程中，感受民族传统体育文化的魅力，了解民族文化历史演进与习俗变迁，培养传统体育的兴趣爱好；初中阶段，进一步学习传统体育的技术与文化，提高学习难度与深度，积极参与学校组织的传统体育文化相关活动，并努力将学校所学运用到社区活动中，促进学校与社区教育联动，提高民族文化认同；高中阶段，增强学生对传统体育文化的认知与感悟，形成民族文化自信；大学阶段，培养学生对民族传统体育文化的探究意识，提高学生的主观能动性，积极研究与探索，培养创造与创新意识，增强学生传承弘扬民族优秀传统文化的责任感与使命感。

（3）学校微生态系统视域

①在传承目标上形成合力，满足传承参与主体的需求。

通过在学校社团传承民族传统体育文化，培育时代需要的具有民族文化认同与民族文化自信的时代新青年。传统体育文化项目丰富、技法技巧内容丰富、文化蕴含深厚，能满足参与传承的儿童青少年在身体健康促进、正确价值观形成、民族文化基因根植、良好心理素质的培养、道德品行修养等的需求；为学校提供优秀德育载体，丰富特色校园文化建设，对学生进行中华民族优秀传统文化传承教育，增强学校教育与社会教育、家庭教育融合协作的深度与广度。不同参与主体在参与传承的具体目标上存在差异，但是总目标是一致的，即传承弘扬中华民族优秀传统文化，实现中华民族文化伟大复兴，一致的目标能有效促进相关传承利益主体的交流、融合与协作，促进协同创新传承系统健康发展。

②校园内部传承主体形成合力。

校园微生态传承系统中的传承主体包括体育、语文、历史、美术、音乐、德育等各科教师及学生，学校内部传承参与主体的合力传承，可以提升学校对青少年传统文化教育的效度与进度。在学校传承中，体育教师负责结合学生身心特征，选择与之相匹配的技术动作；语文教师与历史教师深入挖掘项目的文化内涵，并按照不同学龄段学生的认知水平，设计相应的理论教育内容，并融入课堂教学；德育教师把相关英雄事迹、仪式、礼节等融入到学生德育教育中；美术教师与学生一起探索制作原理与创新，负责指导器械、服装的选择；

音乐教师负责深入挖掘整理传统体育项目常用的伴奏音乐，将传统的口传心授形式转化为书面、文字、视频等形式的内容，选取适合该学段的教学内容，教授学生；学生作为传承的对象，积极主动投入到学校开展传承的相关活动中。相关传承主体围绕统一目标，发挥各自的特长，形成传承合力。

（二）创造与创新

文化软实力是衡量一个国家是否强大的重要指标，博大精深的中华民族优秀传统文化是最深厚的文化软实力，党的十八大以来，习近平总书记在多个重要场合强调要将"创造性转化、创新性发展"作为民族优秀文化传承的基本方针。学校作为青少年民族优秀传统文化传承的主阵地，需将"双创"贯穿于传承实践的各个环节。文化全球化与文化多元化是当今世界各民族在文化建设与发展中面临的首要冲击和机遇，要推动社会主义文化建设，实现民族文化独立、完整与强盛。

在学校社团传承优秀民族传统体育文化中，对体育非物质文化遗产进行创造性转化，有助于新时代学生对民族传统文化精髓的认知与认同，提高学生的道德涵养，促进社会主义核心价值观的形成，推动民族文化繁荣。传统体育文化是指与现在相关、绵延发展至今的活态文化，对当今社会依旧具有现实意义与价值。现代即为当下，是对传统的继承与发展。现代是传统的现代，现代是将来的传统。当下的传统体育文化根源于农业社会文明，进入社会快速变迁的工业化、信息化时代，快节奏的生活打破了以血缘或师徒相传的传统体育文化传承模式。

要对传统体育文化进行甄别，取其精华，弃其糟粕，否定"民粹"与"保守"困扰下的"全盘接受"，也反对"虚无"与"自由"思潮下的"全盘否定"，以"以人为本""民族文化复兴""符合时代与社会要求"为原则。在科学性、人文性、发展性原则的指导下，对儿童青少年传承传统体育文化进行审视，选择符合时代特征与学生身心特点的技术与文化，坚持整体性、本真性、科学性、可持续性，对传统体育文化进行创造性转化与创新性发展。深入挖掘与整理传统体育的技术与文化内容，对民间艺人进行访谈与调研、坚持田野调查、参与传承实践、查阅相关文献资料，丰富传统体育文化的技术表现形式与文化内涵，寻求传统与现代的结合点，体现民族传统体育文化的民族与时代特征，延续文化基因与血脉。

（三）信任与沟通

形成系统自组织的四个必备条件，即开放性、环境性、非线性、涨落性，协同创新传承系统的主要特点是系统性、动态性、互通性。协同创新传承的交流互鉴体现在传承系统内部各要素之间，以及系统与外界的交流、互通、互鉴上。信任与沟通是协同创新的关键因素，系统各主体协同配合，通过相互间的信任，在协同创新过程中不断沟通交流，协调团体的关系，增强彼此间的合作与交流，增加组织和平台运行的稳定性。在合作过程中，参与主体之间的信任极为重要，成功的协同关系是基于互信、互惠和无等级层次的组织结构。

在协同创新过程中，各参与主体通过不定期的沟通可以加强彼此之间的感情，对矛盾的化解也起到积极的作用。总体上看，协同创新是一个"沟通—协调—合作—协同"的过程。在体育非物质文化遗产学校协同创新传承过程中，整体系统中的各子系统共同构成传承利益整体，各自具备该领域的优势与资源，同时在传承链中承担其相应的责任与义务。各主体的任务有纵向上下承接的关系，也有横向的左右联动关系，在上下左右的传承共生过程中，沟通与信任是各传承主体推动协同创新传承系统快速有序发展的基石，是解决在协同创新传承演进中不同阶段出现的问题与矛盾之关键。

1. 培育传承要素在整体传承系统中的共性文化

传承参与主体在协同创新传承整体系统中，为实现传承弘扬中华民族优秀传统体育文化、实现民族文化伟大复兴这一宏伟目标，需要探寻传承要素之间的文化交集点。在社会主义科学发展观的指导下，传承参与主体间深度交流与探索，分析各自的文化范畴，围绕传承目标，研究传承文化交集区域，培育共性文化，加深传承主体间的信任与沟通之深度与稳定性。

2. 实现传承参与主体的交流与互通

体育非物质文化遗产作为活态民族传统文化，传承、研究的主体是人，是体育非物质文化遗产协同创新传承的核心，包括项目传承文化与技术的传承实践人才，文化挖掘、整理、创造、创新的研究人才，项目推广的宣传与包装人才等。协同创新就是各要素之间通过沟通协调，主动探索合作，最后形成协同的过程。需要参与主体在整体系统中做到相互信任，通过不断地交流与沟通促进主体间的情感升华，同时深入了解其他主体的优势与不足，在协同创新传承过程中，有的放矢，做到互通、互补与互助。

在传承体育非物质文化遗产的过程中，高度协同不同领域人才的知识、观念、信息、能力，要打破各自研究领域的壁垒，实现协同创新整体系统中人才资源的共引、共聘和共用，从而做到人才的流动互通，形成人才资源的共享互通。在各利益主体参与校园传承的权责利方面，通过交流与沟通进行明晰，确保各主体为实现传承总目标，积极投入人力、物力及其所需传承资源，做好传承本职工作，同时通过及时交流发现其他主体传承过程中遇到的困难，积极提供支援，实现资源与功能互补，推动协同创新整体传承系统的快速发展。

3. 传承信息的整合与公开

协同创新系统有序运行的关键就是各子系统信息及时互通共享，满足不同传承主体的需求。结合个体实际情况，考虑协同创新传承系统整体所需，将各主体提供的信息及时收集、归纳、分类、整合。建立信息公开机制，将所有涉及传承主体相关利益的信息及时公开，特殊商业机密信息除外，建立信息网络平台，及时上传政府相关部门传承非物质文化遗产的法规文件、国内外相关主题交流活动、资金投入与使用明细、学术研究热点与现状、非物质文化遗产传承活动开展情况等，做到实时、透明、公开。

第五章 体育非物质文化遗产学校社团传承的设计

学校社团开展体育非物质文化遗产传承需要根据地方体育非物质文化遗产资源、政府相关部门的政策资金支持、学校自身实际情况等因素，进行科学合理的设计，为学生学习民族优秀传统体育文化创设良好环境。本研究经过前期调查和借鉴相关理论，探讨体育非物质文化遗产学校社团传承的目标、内容、实施、评价、保障措施五个方面。

一、传承目标的设定

体育非物质文化遗产传承是一种"活态"实践活动，学校社团开展传承具有明确的目的性。换言之，学校开展活动，要达到一个预期的目标。所谓目标就是"目前达不到的事物，是努力争取的、向之前进的、将要产生的事物"[1]，传承目标是对学校社团开展传承活动结果的一种主观上的愿望，是对学习者通过学习体育非物质文化遗产应达到的行为状态的详细具体的描述，有利于实现学校传承总目标，有利于指导教师的教学，有利于学生的学习，有利于学校社团开展传承的评价。在学校社团开展体育非物质文化遗产传承，就是为了满足学生个体需求与社会时代所需，所以在传承开展过程中，既要考虑到学生全面发展，也要达到当前国家大力推行的传承民族文化、弘扬民族精神的要求。

（一）传承目标设置的依据

1. 符合学生身心特征与学校客观条件

首先体现在符合不同学龄段学生的发展水平上。随着年龄增加，儿童青少

---

[1] L.H.克拉克，等. 中学教学法：上[M]. 北京：人民教育出版社，1985：163.

年的身体素质与个体认知存在明显的发展性，而且随着体育技能与文化知识的不断积淀，对体育非物质文化遗产的技术技巧与文化形态认知与掌握也存在明显的差异。所以不同学段在进行体育非物质文化遗产学校传承的目标设置时要把握本学段学生的总体特征，同时还要考虑到学生的个体差异，目标设置有弹性空间，能够满足不同水平学生学习的需求。

其次要符合学校自身与地方的客观条件。充分考虑学校自身在开展传承中所能提供的物质、人力、制度等客观条件，同时要深入分析地方相关部门在学校开展地方传统体育文化传承中所能提供的各种支持。目标设置不可盲目拔高，也不可在未进行过充分调研的前提下妄自菲薄，目标设置太低，两种情况都不利于学校传承开展的科学性与可持续发展。

最后要符合学校已有促进学生身心发展与文化培育的相关活动。将体育非物质文化遗产学校社团传承与学校体育、德育、传统文化研习社、语文、历史、音乐、美术等相结合，在符合该学段学生身心与认知特征及不改变地方传统体育文化本真性的前提下，对体育非物质文化遗产进行选择与组织，赋予时代新意，融入到相关学科中。

2. 超越学生的个体发展，提升传承指导教师的专业素养

首先是对学生个体发展的超越。学生依托学校平台，通过校内校外获得技术文化知识与社会知识，这具有巨大的提升空间与潜力，故而目标设置要超越原有水平。其次是提升传承教师的专业素养。学校社团传承体育非物质文化遗产，对参与传承的指导教师都是新的挑战，需要传承教师专注传统文化学习，坚守传统民族文化内涵，赋予时代新意，运用新时代教学手段全面提升观念、能力与知识。再次是在不改变其根与魂的前提下，勇于创造、敢于创新，适合学生与社会的需求，丰富传统体育文化内容。

3. 灵活开放，及时调整

首先要根据学校社团传承实践的具体表现，总结优点，找寻不足，根据学生、教师、代表性传承人，以及其他相关参与传承的主体的意见与建议，能够及时对原定传承目标进行相应的调整。其次是根据国家文化、教育、体育等相关部门对青少年传承体育非物质文化遗产的政策法规，以及地方政府对学校

开展校园传承体育非物质文化遗产的政策与措施，对已开展的传承进行相应调整。再次是要根据学校师资、场地器材、社区民众等参与学校传承的实际情况进行调整。

4. 明确具体目标

明确具体的目标可使学校社团在传承实践开展进程中能够清晰准确地指导传承工作。在传承目标制定时，要设计完善的学校传承推进方案，传承手段要清晰具体，每个阶段的传承目标要具体化，能够量化每个阶段传承的目标达成情况。传承目标的语言表述要清楚、简明、规范、准确，且通俗易懂。

（二）传承目标的内容

1. 参与传承学生的目标

学校社团开展体育非物质文化遗产传承的目的就是促进学生全面发展与形成民族文化认同。学生通过参与传承，学习项目的基本技术、基本动作、表演套路、文化内涵、德行礼仪、表演道具制作技艺等，深入了解地方传统文化精华，提升对地方传统文化保护传承的兴趣与主动参与意识，培养对民族文化的认同与文化自信。

2. 传承指导教师的目标

学会对地方优秀传统文化进行挖掘整理；选择适合本校学生学习的动作技术与文化，结合学生身心特征与兴趣爱好，在不改变项目核心本质前提下进行改造与创新；结合社会需要与学生需求，对项目蕴藏的民族传统文化内容赋予时代新意；组织学生参加学校、社区的重要文化活动，学会不同场合与规模的表演套路编排；在专家学者、代表性传承人、地方相关部门人员的指导与帮助下，进行校本教材编写；根据本校学生身心、年龄等特征，设计适合本校开展的传承方式；围绕学校传承进行理论与实践研究。

3. 实现传承参与主体的协同

参与学校社团传承的主体深入全面地协作是传承顺利实施的重要保障。

地方相关政府部门提供学校开展体育非物质文化遗产传承的资金和人力物力支持，建立健全有利于学校传承开展的政策，组织本区域内学校与其他地区学校之间关于传统文化的合作与交流，协调体育非物质文化遗产学校社团传承相关利益者之间的资源、信息，指导与帮助校园数字化传承体育非物质文化遗产建设，培养校园传承体育非物质文化遗产所需师资。

加强社区、学校、家庭之间的交流，为学生学习地方优秀传统体育文化提供良好的环境，创造实践体验机会。传承指导教师发挥各自学科的优势，围绕传承开展的理论与实践进行研讨、交流，承担各自传承工作。专家学者与项目代表性传承人积极参与到学校设计、实施与评价的全过程。传承参与主体间定期举行研讨会，研究学校传承实践的成功与不足，提出解决措施，保证传承开展的科学性与可持续性。

4. 建设特色校园文化

为明确本校结合该项目建设的特色校园文化，凝练出契合项目主题的校训。为确保学校传承的规范化、可持续与科学化，制定多年、年度、学期传承规划，以及管理制度与规章制度。成立学校传承利益相关主体组成的传承组织机构，统筹与调度传承资源，制定传承规划，定期检查传承效果。为增加学校与社区的合作，让学生亲身体验项目民俗，扩大地方文化影响力。增加地方文化参与者与受众面，学校积极组织传承学生参与地方重要节庆活动，以及学校开展的各种重要节庆活动，并主动积极与其他单位或地区进行传统文化交流，参加各级各类比赛与展演。经常邀请相关领域专家学者、代表性传承人、民间老艺人来校召开讲座。

二、传承内容的选择

在学校传承场域中，分析学生传承体育非物质文化遗产项目内容的类型和确定传承内容的范围（学习者必须达到的知识和技能的广度）与深度（学习者必须达到的知识深浅程度和能力的质量水平）[1]，关系到学校社团"传什

---

[1] 徐英俊.基础教育新概念丛书——教学设计[M].北京：教育科学出版社，2006：80.

么"与"学什么",并揭示体育非物质文化遗产外在技术表现与内在文化涵养之间的相互关系,为传承实践的开展打下基础。

（一）传承内容选择的原则

1. 满足学校开展传承的功能需求

当前,党和国家高度重视传统文化复兴,较多学校领导和教师也都意识到传统体育文化在校园开展的重要性。这说明学校对于传统体育文化依旧存在强烈需求,特别是地方性知识的学习与认知、地方传统礼仪的培育、增加学生课外活动的选择、特色校园文化的建设等,体育非物质文化遗产可担当重要角色,这些需求是学校开展传承的动力。

2. 追溯文化内核

学校社团传承体育非物质文化遗产不仅要让学生掌握外在动作表现、知道传统文化是什么,更要追溯这些传统体育文化为何是这样,需要教师引导学生穿越时空去了解文化诞生、发展与成熟过程中所凝集的先人智慧,让学生真实直观地体验"中华民族文化历史悠久与博大精深"的生成机理。

3. 传统价值的时代重塑

由于社区与学校间的壁垒,传统体育存在于社会场域的价值功能未与学校场域的学生发生太多直接关联,所以传统文化校园传承需与学生的学习与生活进行连接,重塑传统体育文化在现代学校教育的价值功用。通过学校社团教学与参与地方重要节庆等实践活动将传统体育的隐性价值显性化,身体力行中体验这些传统体育文化内核对教化自我的价值所在。

4. 整体传承且适宜学生需求

首先是整体性传承。体育非物质文化遗产包含技术技巧、表演套路、仪式流程、德行礼仪、服装器材等,部分项目包括传统配乐,这些都是体育非物质文化遗产的重要组成,缺一不可,所以在内容选择时,要注重整体传承,才能使学生全面了解与学习,同时也保证项目传承的完整性。其次是学生的整体发展。学校社团开展体育非物质文化遗产传承，内容选择要关注学生整体的发展，要从学生身心健康促进、民族文化传承、德行礼仪培育等方面全方位入手。

学校社团传承过程中需要考虑本学段学生的具体情况，选择适宜的传承内容。选择内容时要关注学生的兴趣爱好，选择那些本学段学生感兴趣的技术动作、礼仪。须立足学生学习与生活现状，对于当前学生个体发展中存在明显不足之处，传承开展的内容要有侧重，弥补不足，促进学生全面、健康成长，培养符合社会所需的人才。关注儿童青少年身心段特征，不同年龄段学生在身体素质、知识储备、心理认知等方面都存在显著特征，各学段选择传承开展内容时要认真剖析，立足于促进学生发展，选择本学段学生感兴趣、能学能练、易操作、愿体验的内容。

5. 能代表地方优秀传统体育文化

在学校社团选择传承内容时，所选择的应是该地区极具地方文化特色的项目，能够体现该地区文化共同体的典型特征，而且在意识形态上是积极向上、符合社会主义文化建设需求、体现当下时代特征的区域传统体育文化精华。

传承的具体内容必须通俗简约，学生在学校的主要任务是文化知识学习，传统体育文化进校园是为了弥补当前儿童青少年民族传统文化不足，丰富学生课堂体育教学与课外体育活动。所以学校社团开展的内容须根据不同学龄段学生的身心特征，契合学生发展水平，学生在繁重的文化课学习之余能够学会这些内容。

6. 兼顾联系性与生活性

首先体现在学校社团选择的内容要紧密联系本校、社区、街道、地方政府及学生家长等能够提供的资源，创造各种传承条件，运用到资源挖掘整理、创造创新、传承推广过程中。其次所选择的内容与本学段学生身心发展程度相契合，确保内容能够很好地融入学生运动参与、运动技能、身体健康、心理健康、社会适应、民族文化认同等相关领域，促进学生的全面发展。

学校社团传承体育非物质文化遗产的内容选择还要考虑到学生的学校生活与社区生活，这些生活经验是学生成长至关重要的内容。学校生活是学生最基本、最重要的组成部分，要将传承的内容与学生日常学习生活紧密联系起来，结合不同学段的学生特点，融入到学生生活与学习的细节中，使其在长期的濡化中形成生活习惯。学生作为社区的成员，社区是学生除学校以外的重要民族文化学习场所，可以获得直观的传统文化知识，深刻认识民族文化内核。

（二）体育非物质文化遗产传承的具体内容

1. 技术技巧

该领域包括项目外在的技术动作、表演流程、传统配乐。第一，技术动作。要学习项目具有代表性的基本技术、基本动作、组合技术，最后学会整套技术动作，这是体育非物质文化遗产在学校传承过程中的重要内容。第二，套路表演流程。这是为了让学生学习该项目在展演时的表演顺序，从而对项目有宏观认知，而且还能让学生亲自参与到学校或社区组织的项目展演中，凸显学生传承主体地位，获得荣耀感，从而成为项目的潜在传承人。第三，项目表演过程中的传统配乐。传统配乐是学校开展传承中不可缺少的部分，可以深入了解项目的文化。

2. 历史与文化

通过对项目深入挖掘整理，以社会主义核心价值观为指导，选择适合时代特征、符合学生的优秀传统文化，包括项目的历史演进、仪式流程、德行礼仪。第一，项目的历史演进。作为地区具有代表性的传统体育文化，其诞生、发展与成熟过程融入了不同时代文化的精髓，包括历史名人、英雄轶事等，所以在学校开展传承过程中，要将这些有利于青少年成长正能量激发与培育的历史文化纳入到传承中，促进学生对民族文化的认知与认同。第二，仪式流程。包括项目展演、拜师学艺等仪式。项目展演仪式流程是传统体育文化在长期发展过程中吸收融合而成，具有典型的地方文化特征。通过观看、学习及亲身参与到整个表演仪式流程中，能让儿童青少年深刻体验传统文化。第三，德行礼仪。传统体育文化在拜师收徒、学习运用等方面都有完善的德行规范，所谓"未曾习武先修德"，这是对门徒德行的规范。在学校传承开展中，要坚持取其精华、去其糟粕，选择符合时代要求、意识形态积极向上的礼仪道德规范，运用到学生学习与生活的细节中，让学生养成尊敬师长、爱护同学的优良德行。

3. 表演道具制作技艺

道具制作是部分体育非物质文化遗产传承中的重要组成部分，特别是对于那些借助道具来表达情意的项目尤为关键，比如传统体育文化中的舞龙舞狮、舞麒麟、舞凤、舞春牛等，道具本身就是一种优秀传统文化。学校社团开展体育非物质文化遗产传承中，根据不同年龄段来设置道具制作技艺的学习内容。

三、传承路径的规划

传承是一个行动的过程，通过这一过程将观念形态的传统体育文化转化为学生所能接受吸收的知识与技能，实现学校开展优秀民族传统文化传承的价值。这一过程需要政府相关部门人员、学校教师、民间艺人、专家学者、家长等个体或组织的共同努力，充分发挥参与学校社团传承人员的主动性与能动性。学校社团开展传承的实践是对传统体育文化进行再加工和再创造的过程，对体育非物质文化遗产的理解、解释与调适有利于彰显民族传统体育文化的教育价值，实现学校社团传承开展的目标。

（一）搭建传承平台

1. 研究平台

要建立地方传统体育文化交流平台，协同地方政府相关部门、非物质文化遗产研究专家学者、代表性传承人、教师、家长、学生等非物质文化遗产传承主体定期举行文化与技术交流会、座谈会，以及针对性解决某一问题的学术沙龙，深入挖掘项目文化精髓，在不改变传统表现形式与文化本源的前提下探寻学校传承的内容与路径。

2. 学校与社区联动平台

学校在设计传承时，须将学生生活实践体验作为传承计划中的重要组成部分。在学校模拟传统节庆文化仪式，让学生亲身参与到活动的策划、设计、布置、实施、表演、管理等全过程，把学习到的技术与文化运用于实践，将原本抽象的文字符号和技术动作在实践中转化为具体的文化语言。同时积极主动组织学生参与地方的重要活动，让学生在与乡亲互动的过程中感受本民族文化的魅力，弥补学校教育中场地、规模、仪式流程的不足，发现与探究在学习这些传统文化过程中出现的问题，通过请专家学者，解开心中的困惑。

3. 资金支持与联动平台

体育非物质文化遗产在当代传承过程中，稳定的资金来源是确保持续传承的关键。当前国家大力投入文化建设，把区域文化指标作为评价核心要素，文化管理部门专门拨发资金用于非物质文化遗产传承与保护工作。然而不能仅限于政府拨款的狭窄途径，要积极接纳与寻求各种社会资金，民间团体资助、个人捐助、旅游公司合作投资、表演打赏等形式都是筹集传承资金的重要途径，结合政府支持使资金联动，放大传承效益。

4. 传承师资培训平台

科学、规范的培训是体育非物质文化遗产"活态"传承的必要环节。第一，门徒培训平台。"门徒"在现代传承体育非物质文化遗产过程中是指民间艺人、传承学校参与教师、民间团体负责人等，是传承实践的重要参与者与文化技术传承者，对非物质文化遗产有较长时间学习和较深刻的认知，是传承的中坚力量。定期举行讲座、沙龙、集训、研讨等线上线下的培训，促进文化的传承、创新与创造；加强民间艺人教师教育理论知识的培训，使其能尽快胜任学校工作，或者说尽快完成由运动员向教练员的蜕变，从而将掌握的技术与文化科学高效地传递给学生；加强学校参与传承教师项目技术与地方传统文化的培训，通过集中学习与自我学习等形式，使学校参与传承教师掌握项目的技术动作与表演流程，了解项目文化仪式与德行要求，熟悉地方传统文化，在专家学者与民间艺人的帮助与指导下逐渐成长，最终能够独立指导项目传承。第二，项目爱好者培训平台。人的参与是体育非物质文化遗产传承的关键，习练一些项目促进参与者身心健康，同时可以了解民族传统文化，通过设立辅导站、定期文化与技术讲解与交流、现代信息技术支持的移动平台在线学习与指导等形式，吸收大批项目爱好者。

5. 展演与交流平台

不同地域孕育的传统体育文化存在鲜明的地方特征，但不同区域的体育文化也有很多相似之处。学校社团开展传承过程中要搭建传统体育文化展演、交流、比赛的平台，现场交流切磋，有效传播与推广地方传统文化，同时反思与审视自我，实现"创新性发展、创造性转化"。

（二）拓展传承面

习近平总书记强调创新是一个民族进步的灵魂，是一个国家兴旺发达的不竭动力，也是中华民族最深沉的民族禀赋。传统体育文化传承的手段单一，以面授为主，以直系血缘与师徒关系在固定区域传授。随着时代进程推进，传统体育文化通过与旅游、教育、图书馆、博物馆等载体结合，拓宽了传承渠道，然而各传承手段之间交集较少，没有对传承体育非物质文化遗产起到质的推进。

政府相关部门和专家学者应组织代表性传承人进行交流，让其认知到非物质文化遗产不是某一个人或一个团体的私有之物，是地域大众共同拥有的文化共同体，只有更多的人参与其中，方可弘扬光大。要组织传承人进行信息技术培训，使其掌握现代信息技术。在非物质文化遗产管理方面要建立数字化系统，将传统文字、图片、录像等资料进行数字化处理；传者与承者利用软件来分析所学技术动作，找出不足，予以优化；网络交流平台包括技术动作演练链接、相关文化链接，代表性传承人、专家学者、教师、学生、文化爱好者、政府相关部门人员等可以定期视频直播，线上交流；建立数字非物质文化遗产博物馆，包括静态的图片、器物展示，非物质文化遗产传承人定期在线进行器材制作、技术动作展演、文化内涵讲解等。各传承主体通过现代信息技术打破时间与空间的藩篱，做到信息及时沟通共享，问题快速协商解决，加速学校传承进程。

（三）协调传承参与主体间的关系

学校社团传承不能禁锢于教师（民间艺人）、学生的单一组成，一个项目在学校开展传承，关系到学校、地方政府相关部门、社区、社会组织、家长等主体。

分析体育非物质文化遗产协同创新传承参与主体的结构层次、阐释传承参与主体的立体互通关系，明确传承参与主体的效益形态，优化参与主体的关系。利益相关者（Stakeholder）理论源于管理学，根据弗里曼的观点，利益相关者是能够影响一个组织的目标实现，或者受到一个组织实现目标过程影响的人或群体[1]。Ronald K. Mitchell等人认为必须满足三个条件才是影响组织目标实现的相关利益者：Power，主体是否拥有能够影响组织决策的相应手段和能力；Legitimacy，主体是否具有法律规定和传统道义上的所有权；Urgency，该主体提出的要求是否能立即得到组织决策层的关注。对非物质文化遗产传承主体的属性进行分类，主要有核心利益主体、直接利益主体、间接利益主体。核心利益主体有地方政府相关部门、传承学校、代表性传承人或传承组织；直接利益主体有传承学校师生、项目旅游经营者、相关器材制作者、专家学者、规划人员；间接利益主体有文化爱好者、文化研究者、民间团体、媒体、游客、社区居民、社区组织。

传承体育非物质文化遗产相关利益主体承担各自的权利与义务。核心利益主体是政策的制定者与统领者，在整个体系中起到宏观指导与调控作用，地方政府在人力、物力、财力上对学校传承非物质文化遗产进行扶持，运用政府的宣传渠道全方位展示地方非物质文化遗产，组织校园非物质文化遗产展演与比赛，总体协调与调动各方利益主体。直接利益主体是体育非物质文化遗产传承的执行者与参与者，地方政府具体执行的相关部门将传承体育非物质文化遗产具体落实到组织或个人，带领、指导、监督具体传承主体；传承、研究与推广体育非物质文化遗产项目的相关组织与个人具体实施。间接利益主体通过欣赏、研究、经营、参与等形式获得各自所需。

三大主体之间不是完全隔离与区分的，在很多领域有交集和利益趋同之处。为实现体育非物质文化遗产协同创新传承利益主体之间的协同共生，需以创造性转化思维实现传承利益主体间及时、高效的沟通交流，以绿色发展观引

---

[1] Freeman R E.Strategic Management：A Stakeholder Approach [M]. Boston：Pitman Publishing，1984：25.

领相关利益主体间的和谐发展，以协作互助方式促进传承利益主体间的信息、资源、技术、情感的互惠互通，以共享作为所有参与主体协同创新传承的践行目标，以开放的心态接受与包容各传承主体的支持与误解。

（四）建设传承项目的特色校园文化

学校教学场所的相对固定、教学时间集中、教学内容科学规范、教学手段与理念先进等优势有利于传统体育文化在校园的展示、传承与推广。

1. 物质文化协同：打造濡化青少年传承非物质文化遗产之校园环境

校园物质文化是校园人文内涵的重要载体，要将传承项目文化融入到校园物质文化中，渗透在校园物质建设中。

一是传承基地挂牌。通过向教育、文化、体育部门等政府机构申请，在校门口悬挂"传统体育文化传承基地""非物质文化遗产传承基地""青少年传统文化培育基地""传统体育训练基地"等牌匾，让学生从进校门开始就能感受到浓浓的传统文化底蕴与气息。

二是设置项目文化长廊。将学校开展传承的体育非物质文化遗产项目的历史源流、文化内涵、传承谱系、表演套路、轶事典故、动作图片、所获荣誉等，通过文字与图片的形式形成一条文化长廊，展示给全校师生，以期让师生切身感受到项目文化就在身边，产生深入了解与学习该项目的意愿。

三是建立项目文化展示厅。展示传承项目的道具，包括表演器材与表演服饰，表演器材有各部分与完整的展示，以及器材的制作技巧视频资料；项目表演的技术动作图片与文字详解及视频资料；结合信息化技术，将技术动作、表演套路、文化详解等制作视频，通过扫码获取详细信息；利用VR设备，设计项目表演流程，让学生能够感受整套表演流程，从而对学校传承项目有整体的认识与感受，深层次感受地方优秀传统体育文化的魅力与精华。

四是编写校本教材。在校本教材编写上必须要协同代表性传承人、文化部门专业人员、体育与教育领域专家、一线传承教师，编制体现该项目文化技精髓、符合青少年身心特征、符合教材规范的校本教材。教材内容包括"项目源流""文化内涵""价值功能""表演流程""技术动作详解""教学与评价""传承与推广"等章节。

2. 精神文化协同：核心价值观引导文化自信

校园精神文化需要长期渗透，最后内化为全校师生的自觉行为。首先要确定学校传承体育非物质文化遗产的目标与定位，凝练校园精神，提炼出体现特色校园的校训。其次是通过参观项目展示厅、观看民间艺人表演、聆听老艺人的讲述，全面了解项目的难美技巧，以及吃苦耐劳、保家卫国、尊师重道的传统文化情怀。再次是项目文化综合课程建设，协同语文、历史、音乐、美术、体育、德育等多学科领域教师共同负责教学内容的选择与设计、教学实施与评价，让学生对传统体育文化中所包含的器材制作、技术演练、文化等进行全面了解与学习。

3. 制度文化协同：习惯、行为规范之保障

制度文化是校园文化非常重要的组成部分，是学校教育传承管理职能正常有序推进的重要保证，能高效协调人与人、与群体、与社会的关系，引领青少年的思想情感、价值观念与道德品质。首先要制定发展规划。联合地方文化、教育部门、体育等部门负责人、学校传承开展负责人、代表性传承人、专家、教师一起制定项目学校传承规划，包括年度、中期、长期规划，为学校传承确定发展目标与方向。其次是制定项目文化校本课程管理办法。规定学校传承开展的内容与学习的时间，传承实践中各科教师承担的责任与义务；兴趣班或社团每周训练次数、时长、时段，制定考核标准，定期考核学生文化与技术的掌握情况，并对相关教师进行考核。

通过制定健全的管理制度，使学校在传承过程中体现出平等、公正、严谨，对正确行为和传承积极者进行鼓励与肯定，对错误行为与消极怠工者提出批评，在制度规章下，正确评价各种行为；同时还要体现中华传统文化"以人为本"的"仁本"思想，在强调严格管理的同时重视人文关怀，情理兼顾，引导师生自觉按照学校制定的规章制度行事。

4. 活动文化协同：提供展示与互动

积极开展与传承项目相关的校园特色活动，丰富学生的课余生活，为学生提供展示自我、发展自我的平台。第一，节庆展演。以地方和国家的重要节庆为契机，开展展演与交流，邀请地方政府部门、社会人士、家长、全校师生共同参与，体验传统文化，让传统文化深入人心，深化参与者的文化认同与民族认同感。第二，校园非物质文化遗产节。开展项目文化主题的板报评比、绘画比赛、制作比赛、写作比赛、班级表演大赛、趣味赛、教职工比赛、亲子赛等活动，鼓励师生参与，全方位体验传统体育文化的魅力，凸显学生的主体地位。第三，课外活动。设计与项目相关主题的活动，通过参加公益活动，引导学生走出校园，融入社区，把传统文化融入到现代化的生活中去，增加社区与地区民众的参与度与认知度。

四、传承效果的评价

评价是为了进行问题选择判断而描述获得和提供有用信息的过程[1]。

（一）传承效果评价的主体

学校社团协同创新传承体育非物质文化遗产，就是要打破传统师徒传承的藩篱，在协同创新传承系统中，传承指导教师、学校社团管理教师、地方相关部门官员、学生、家长、社区居民、专家均是学校社团开展体育非物质文化遗产传承评价的主体。

1. 参与传承的学生

学生是传承实践的直接感受者，学校社团开展传承的内容、形式及手段是

---

[1] 德里克·郎特里. 英汉双解教育辞典 [M]. 赵宝恒、汪莲如、潘祖培，译. 北京：教育科学出版社，1992：137.

否符合学生的需要与兴趣，参与传承的学生在接受的过程中，通过自身行为反应和发展变化来表达自我认知与学习态度。这些行为与变化需要传承指导教师或家长在传承实践与日常学习生活中观察，进而判断学校设置的传承安排是否科学合理。

2. 传承指导教师

传承指导教师在学校社团传承实践中的地位举足轻重，参与学校传承的全过程，传承指导教师通过评价学生文化技术的掌握程度和参与传承的兴趣，发现传承实践活动的不足之处，进而改进完善，促进学生的身心健康发展与文化技术掌握。同时作为地方优秀传统体育文化的使者，传承指导教师对待民族传统文化的态度也深刻影响着学生，故传承指导教师通过评价学生来及时发现与调整自我的言行。

3. 其他参与主体

家长是学校社团开展传承实践活动不可或缺的力量，只有家长支持子女参与学校传承，学校传承方可事半功倍，家长通过直观感受子女在参加体育非物质文化遗产传承后所发生的言行举止变化，以及身体各项素质和个性心理的改变程度来评价学校开展传承的效果，有助于凸显家长在传承中的价值与地位，推进"学校—社区—家庭"一体化传承平台的搭建。

地方相关部门官员参与传承评价，通过观看学生展演、学校传承材料等，了解学校传承开展的收获与困难，在评价学校传承开展成效与不足的同时，也反思本部门在学校开展地方优秀传统文化传承中的责任与义务，推动学校传承实践进程。相关领域的专家参与学校社团传承评价能为学校传承评价的科学性与规范性提供指导，通过参与评价，发现学校传承中出现的问题，提供指导改进意见与建议，有助于学校传承的科学规范与可持续。

（二）传承效果评价的内容

对学校社团开展体育非物质文化遗产传承的评价包括对传承参与主体、传承目标达成情况、传承内容的选择、传承实践活动开展情况等的评价。

第五章 体育非物质文化遗产学校社团传承的设计

1. 参与传承的学生

传承参与的学生作为学校社团开展体育非物质文化遗产传承的直接利益主体，评价内容为完成传承项目技术动作的数量，基本技术、基本动作、核心技术动作的完成质量，对传承项目表演仪式流程的熟悉程度，对项目器材道具制作技艺的掌握程度，对项目历史文化内涵的了解程度，对项目蕴涵德行礼仪的掌握程度，对学习该项目的兴趣度，主动参与传承学习的意愿程度，学习过程中与同学合作互助情况，对学校传承开展设计与实施的满意度等。

2. 传承指导教师

传承指导教师作为学校社团开展体育非物质文化遗产传承的具体执行者，对其评价内容有对学校传承该项目的意义与价值的认知度，对项目技术文化内涵挖掘整理程度，对传承项目历史文化内涵的掌握与理解程度，在不改变项目本质前提下对项目技术动作改造以符合学生身心特征的改造情况，对项目传统文化在学校传承中赋予时代新意的创新情况，学校传承过程中的现代化信息技术掌握与运用情况，对项目传统音乐、服装、器械、道具的改造创新情况，参与校本课程建设情况，传承活动开展方式的选择、设计与创新情况。

3. 其他参与主体

对于家长的评价内容包括对支持子女参加传承的意愿度、对子女参加传承后的身心健康与地方优秀传统文化收获了解情况、参与学校组织与项目传承相关的活动次数与主动性情况、对学校开展传承实践的满意度。对社区居民评价包括对学校开展传承实践的满意度、邀请学校项目传承社团参与社区文化活动的次数与主动性情况、配合学校传承开展中的社区实践情况。参与学校传承的专家评价内容包括参与学校实践工作的主动性情况、为学校项目特色校园文化建设的智力支持情况、对学校传承实践开展的满意度等。

4. 学校传承实践活动的开展情况

学校开展项目传承目标设计的科学合理程度与达成程度情况，传承内容的选择是否符合学校学生身心特征、是否传承项目核心的技术文化，学校传承规划制定与实施情况，传承组织机构设置情况，管理制度与规章制度建设情况，承担政府或社区文化服务次数，与其他单位或地区交流次数，围绕项目的校园文化建设情况等。

（三）传承效果评价的方法

体育非物质文化遗产包含外在技术表现与内在文化内涵，故对学校社团开展体育非物质文化遗产传承的评价方法要多样化。考虑到传承的特殊性，需将过程性评价与总结性评价相结合。过程性学习评价（Process Evaluation）与传统目标取向的发展性评价和形成性评价等方法相比，这类评价从关注教育的目标转向关注教育的过程，强调知识学习与建构过程中反馈的及时指导性[1]。在经过一个时段的传承实践后，需要通过总结性评价来考察学校传承开展的总体效果，是对学校社团传承参与主体的综合考评。

1. 参与传承的学生

一是对参与传承的学生如进行访谈，访谈者可以是传承指导教师或学校其他教师及社会专业人员，项目认知情况、学校开展传承活动的组织形式、传承指导教师传承指导能力等，凸显学校传承中学生的主体地位。二是传承指导教师、家长、班主任及任课教师观察学生在传承实践前、中、后的学习兴趣、对地方文化的了解情况、参与传承活动的积极主动性及个体思想行为的变化情况等。三是学生将掌握的项目技术动作、表演流程、礼仪动作、服装器材的制作技艺等进行汇报展示，这也是传承评价的重要组成部分。

2. 传承指导教师

一是由评价者与传承指导教师进行交流，对传承指导教师在学校传承过程中的成功与不足提出真实反馈。二是通过对传承指导教师的观察，了解其工作态度。三是学校负责传承的管理者对传承指导教师传承活动中文字、图片、影

---

［1］韩叶秀，杨成. 认识论视野下学习过程性评价探析［J］. 教育探索，2012（2）：5-7.

音等资料进行记录,并结合教师保存的活动资料及在传承过程中的自我反思与评价资料,综合对传承指导教师进行评价。

3. 其他参与主体

对于其他参与主体的评价,可观察其在学校传承实践中的参与次数与积极主动情况,访谈其对学校开展传承的满意度、成功与不足之处及改进措施等。

4. 学校传承实践活动的开展情况

以量化的形式对学校开展传承所需的场地器材、资金投入、项目文化长廊、展示厅、教材编写、参加校内外展演次数、与其他单位合作等情况进行评价。邀请地方政府相关部门人员、其他学校教师、本校教师、社区人士、相关领域专家学者、家长等,通过对学校组织的传承实践汇报活动进行观摩,然后进行集体研讨,分析传承实践活动的成效,探讨不足之处,提出整改意见。

五、体育非物质文化遗产学校社团传承的保障措施

(一)建立健全资金支持制度

学校社团开展体育非物质文化遗产传承需要人力、物力、资金的投入,当前地方相关政府部门多实行"一次性投入",这些资金投入对于学校启动传承帮助较大,但是后期学校继续开展传承需要聘请民间艺人来校指导、聘请专家学者指导学校特色课程建设、购买器材服装、开展传承相关的活动、编写校本教材等,需要陆续投入大量资金,对于部分学校来说负担较重,极易导致传承夭折。

在支持学校传承的相关文件方面也很缺乏,很多地方优秀传统文化项目的传承人年事已高,为了年轻人能够学习到这些优秀文化,老艺人们非常愿意进

入本地学校开展传承。但是目前对于学校传承的文件较少，开展传承不能给学校带来实质好处，还要说服教师在繁忙的工作之余抽出时间来指导和管理学生传承地方文化。

所以为促进学校开展传承的深度与广度，政策的支持与学校传承的专项资金支持迫在眉睫，需要地方政府出台关于学校传承的文件，对开展传承的学校进行精神与物质的双投入。

（二）营造政策与人文环境

政府在学校传承中华优秀传统文化方面，近年来颁布了相应的文件，如2017年中共中央办公厅、国务院办公厅颁布的《关于实施中华优秀传统文化传承发展工程的意见》，要求将优秀传统文化"贯穿国民教育始终""融入生产生活""加大宣传力度""加强政策保障"等。在协同创新传承体育非物质文化遗产过程中，政府相关部门要由过去单一的主导转向协调引导，在相关大政方针的指导下，引导传承系统中各主体参与传承实践，协调好各主体间的关系，以及总体调度资源的分配等，创建利于协同创新传承的政策环境。注重非物质文化遗产知识产权保护、政府支持非物质文化遗产传承与经营的补贴、创新成果评价与奖励、传承基地与传习所的传承补贴、优秀传承参与者职称晋升支持、优秀传承团体荣誉与物质奖励、优秀人才引进、传承团体与代表性传承人定期考核、非物质文化遗产生产性保护传承税收优惠等，制定并下发相关文件，从法律上予以明确规定与支持。

"人本"理念是体育非物质文化遗产生命绵延的核心，人才资源是体育非物质文化遗产传承与创新的第一要素，构建协同创新传承模式就是要将体育非物质文化遗产传承的各类人才得以汇聚、整合，发挥团体思维与实践之优势，激发人才系统的积极性与创造性。民间大众是体育非物质文化遗产文化形态的知情者与拥有者，地方高校相关教师是地方体育非物质文化遗产理论与技术研究创新者，传承人是体育非物质文化遗产传承与推广的忠实实践者，青少年儿童与项目爱好者参与并传承地方体育文化，这些传承相关者都是体育非物质文化遗产学校传承中需要考虑的因素,要做到"人尽其才、才尽其用"。以"引进、聘用、培养"的方式"挖人才、抢人才、育人才、留人才",制定并及时落实相关人才优惠政策,营造"进得来、出得去、留得下"的传承环境。

(三)培养传承参与的主体,实现功能互补

协同创新传承体育非物质文化遗产系统的可持续,须重视系统内部传承主体的培养,构建传承人才培养机制,优化人才培养体系。对于项目文化与技术传承人的培养,要注意老中青的衔接搭配,有"团体"意识,文化技术要由一群传承人共同拥有,利于遴选代表性传承人,也避免"独苗"传承引发传承断层危机。对于体育非物质文化遗产开发与经营人才的培养,要让其先深入了解与学习项目的文化,避免急功近利,有一颗坚守文化的心,同时在开发与经营传统体育文化中,要恪守"整体性、本真性",传递与展示给受众的是非物质文化遗产原有的根与干不变的地方传统文化。对于非物质文化遗产文化研究者的培养,需要大量的田野调查,并参与到非物质文化遗产传承实践中,对体育非物质文化遗产的文化形态与技术技巧有深入系统的了解与认知,再结合相关学科理论知识,对项目进行挖掘、整理与创新,赋予传统体育文化时代新意。对于政府相关部门非物质文化遗产管理负责人的培养,要熟悉与及时学习国家相关部门和地方政府颁布的法律法规,根据相关文件及时调控;走到乡间、走进民间,多调查、广访谈,了解大众对传承体育非物质文化遗产的意见与建议,为制定相关规划与文件提供现实支撑。协同创新系统组织管理机构总领整个系统内部的人才培养,聘请国内外相关领域专家学者为传承主体进行讲学与培训,以及提供与争取外出学习交流的机会,从而使传承主体具备国内国际多维视野。

体育非物质文化遗产作为传统体育文化的代表,功能丰富多样。政府相关部门开展传统体育文化保护与传承关注的是体育非物质文化遗产的文化、教化、经济功能,学校传承关注的是青少年传统文化培育、身心健康促进、地方

文化传承与弘扬的功能，旅游公司关注的是传统体育文化展演经济功能，专家学者关注的是如何深入挖掘文化内涵、创造创新文化形式的文化教育功能，传承人看重扩大传承受众、培养代表性传承人的功能，社区民众看重的是促进身心健康与了解地方传统文化的功能。各传承利益主体关注的功能汇集于协同创新传承系统中，在遵循系统功能最大化的前提下，满足个体功能追求，达到协同共赢。

第六章 体育非物质文化遗产学校社团传承的实践

根据对当前学校传承体育非物质文化遗产的实地考察及本研究的目的,将学校社团传承的理论设计进行实践探索。研究选择个案进行传承实践,总结传承实践的成效、不足及原因,为后续类似研究提供经验。

一、传承方案的制定

(一)个案研究对象的选择

根据研究目的和对当前学校开展体育非物质文化遗产传承实践的调查,结合体育非物质文化遗产自身传承特点与学校社团的特征,本研究探讨体育非物质文化遗产学校社团传承的实践问题,是为分析学校社团传承理论框架应用的可行性。"个案研究实质上是通过对某个(或几个)案例的研究来达到对某一类现象的认识。"[1]。

本研究选择浙江省台州市为个案研究对象。浙江省是全国非物质文化遗产保护综合试点省,建立了省、市非物质文化遗产中心主任联席会制度,每年定期交流工作经验,分享特色案例,搭建互动平台,共同提升业务水平,使全省非物质文化遗产保护工作形成"一盘棋",保证全省非物质文化遗产保护工作信息及时沟通,以地市之间文化走亲等形式,加强区域文化共建共生。

浙江省在非物质文化遗产保护工作中取得较好的成效,大力普查省内非物质文化遗产资源,制定并实施"八个一""三个必报""五个必访"制度;实现县级及以上各级非物质文化遗产中心全覆盖,各级政府设置专项保护资金,为浙江非物质文化遗产保护在机构、人员、资金方面提供强有力的保障;举办

---

[1] 王宁. 代表性还是典型性?——个案的属性与个案研究方法的逻辑基础[J]. 社会学研究,2002(5):123-125.

第六章 体育非物质文化遗产学校社团传承的实践

了多届"非物质文化遗产薪传"展演展评活动,包括传统戏剧、传统舞蹈、传统体育等主题,活动由省文化厅与省非物质文化遗产保护中心主办,各级非物质文化遗产中心均参与,由各县(市、区)选送省级及以上的代表性非物质文化遗产项目,经过主办方邀请相关领域专家进行评审,最后选中者方可参加非物质文化遗产展演展评,展评时再邀请专家进行现场打分,根据专家打分评比出不同等级奖项。

台州市位于浙江省中部沿海,居全国大陆海岸线中段、长江三角洲南翼。介于东经120°17′—121°56′和北纬28°01′—29°20′之间。东濒东海,南邻温州,西连丽水和金华,北接绍兴和宁波。东西长172.80公里,南北宽147.80公里,陆地总面积9411平方公里,人口564.66万人[1]。台州是中国历史文化名城,以"海上仙子国"著称。台州境域周代为瓯越地,周敬王四十四年(前476),楚国伐东夷,以报越师侵楚,"三夷(今台州、宁波、温州)男女与楚师盟于敖(东夷之地)"。汉惠帝三年朝廷封摇为东海王,是台州行政区域确立之始。以后各朝代交替,经历回浦县、章安县、临海县、临海郡、台州、台州路、台州府、特区、行政督察区、台州专区、台州地区、台州市的沿革[2]。台州兼具山海自然环境,民俗差异明显,山区往往聚族而居,宗族观念较重;平原及沿海社会风气较山区开放,在长期与大海的斗争中,人民具有广阔的胸怀和顽强的拼搏精神。作为浙江沿海军事经济的重镇,台州地区尚武之风甚浓,在长期发展过程中,沉淀了丰厚的优秀历史文化,催生了丰富的体育非物质文化遗产。在改革开放以来,台州作为我国民营经济的主要发源地之一,经济繁荣,地方政府在物质文明取得丰收的同时,注重精神文明建设,尤为重视地方传统优秀文化的挖掘整理、传承推广等工作,保存保护了大批优秀地方文化资源。悠久的地域历史文化与繁荣的经济基础,再加上地方政府部门的重视,为本研究的深入开展提供了丰富的项目选择与政策资金支持。

在申报非物质文化遗产名录方面,浙江省重视早,投入力度大,所以在国家、省两级名录上有明显优势,目前已公布的前几批国家级与省级非物质文化遗产项目名录总和均为全国第一。良好的申报氛围造就了台州非物质文化遗

---

[1] 台州市地方志编纂委员会.台州市志[M].北京:中华书局出版,2010:3.
[2] 台州市地方志编纂委员会.台州市志[M].北京:中华书局出版,2010:141.

产的丰硕成果，截至目前，台州市列入国家级非物质文化遗产名录项目15项，列入省级非物质文化遗产名录项目106项，列入台州市级非物质文化遗产名录项目326项[1]。当前我国非物质文化遗产名录评审分为10个模块（民间文学，传统音乐，传统舞蹈，传统美术，传统医药，传统戏剧，曲艺，民俗，传统技艺，传统体育、游艺与杂技），其中"传统体育、游艺与杂技"和"传统舞蹈"两类项目中均包含民族传统体育项目，对目前已公布的台州市级以上体育非物质文化遗产名录进行统计，台州市体育非物质文化遗产项目中，国家级名录有3项，浙江省级名录有12项，台州市级名录有36项。

选择该地区作为个案实践点，在于研究者具有从事实践研究和参与观察的多方优势。首先是研究者在台州地区工作多年，具有一定的社会关系，为本研究的开展提供较多便利条件。其次是研究者在台州居住多年，再加上研究者夫人为土生土长的台州人，在语言上拥有便利，研究者能基本听懂台州方言，且在重要访谈时携夫人一同前往，能轻易接近信息提供人，也能很好地获得原汁原味的地方语言词汇。再次是研究者在台州工作以来，一直致力于台州民俗体育挖掘整理、传承推广等工作，已与多所学校合作，指导或直接参与台州优秀传统体育文化的学校传承，而且在传承实践开展工作中与台州市及所辖县市区的文广新局（现为文化旅游局）、文化馆、非物质文化遗产保护中心等部门有长期合作，这些都为本研究开展提供了保障。

1. 开展体育非物质文化遗产学校社团传承的项目

通过长期致力于台州地区优秀传统体育文化的保护与传承实践，以及对国内优秀民族传统体育项目学校传承的实地考察，并结合前人已有的研究，研究者基本掌握台州体育非物质文化遗产学校传承的现实境遇，对当前学校开展体育非物质文化遗产传承的困境及其成因有较为准确的认识，对于如何优化学校传承的路径有较为清晰的判定。先从台州市市级以上的体育非物质文化遗产项目中列举一些包含性较广的项目，从中二次选取较能集中体现台州地方文化特征和体现本研究欲解决问题的项目进行研究，最后选出以下三个项目作为本研究的对象。

---

[1] 注：数据由台州市非物质文化遗产保护中心工作人员提供。

第六章　体育非物质文化遗产学校社团传承的实践

（1）传统舞狮——黄沙狮子

黄沙狮子被列入我国第一批国家级代表性非物质文化遗产名录，又称上桌狮子，相传始于北宋年间，素以高难度的演技名扬四方，其表演融武术、舞狮、杂技为一体，并将46张八仙桌搭成9层高塔，将传统舞狮的"高、难、险、美"完美展现，是我国传统舞狮的优秀代表之一。

台州市政府对黄沙狮子尤为关注，投入大量财力、物力予以保护，黄沙狮子多次参加中央电视台、浙江电视台等节目，是台州市重要庆典活动的主角之一，也是地方商业活动庆典中的"常客"。但是表面繁荣的背后却有着危机，老艺人渐渐逝去，这一地方文化面临严重的断层危机。因此，将黄沙狮子作为本研究的一个对象纳入学校传承实践研究中。

（2）传统舞龙——大田板龙

板龙在我国分布广泛，有些区域称为"板凳龙"。浙江很多地区在元宵与春耕时节均有舞板龙的习俗，如金华有"浦江板凳龙"（列入第一批国家级非物质文化遗产名录），丽水有"处州板龙"（列入第三批浙江省级非物质文化遗产名录），还有很多已被列入各级非物质文化遗产名录，总之板龙在浙江民间具有浓厚的文化底蕴。台州市目前市级以上非物质文化遗产名录中有"大田板龙""亭旁杨家板龙""仙居增仁板龙""玉环渔呑板龙"，其中"大田板龙"被列入浙江省第二批非物质文化遗产名录。

大田板龙，又名板凳龙，板龙由龙头、龙段（身）、龙尾三部分组成，采用木板、竹片、各类纸花作为龙的制作材料，龙身上粘贴山水花鸟、戏剧人物等民间剪纸和彩绘，中燃蜡烛，远望是鳞，近观是画，又称"龙磷花"。表演多则上百人，夜间灯火点点，场面壮观。板龙大都嘴衔红宝珠，龙角上挂各种彩色的"纸蚕花"，以示延庆吉祥、丰收，寄托着美好的祝愿。

在台州市相关部门的大力关注下，大田街道对大田板龙投入较多的人力物力予以保护，成立了大田板龙传习所。目前主要传承人中年龄最小的已逾花甲，特别是龙头制作艺人和纸花雕刻艺人年龄均超过七十，新鲜血液缺乏是现实，急需年轻传承人的参与，故而将其作为本研究传承实践的对象之一。

（3）传统武术——缩山拳

缩山拳是台州本土原创拳种，相传为元末台州农民义军首领方国珍所创，是最有特色的浙江地方四大拳种之一，也是浙江省比较稀有的拳种之一，被列入浙江省第五批非物质文化遗产名录。

缩山拳的特点是连续发劲，以身带手，击中带缠，刚中带柔，动作朴实，威力极大，因台州古代先民民风彪悍，好勇斗狠，故此拳有"胆为拳先"的鲜明特征。缩山拳熟练后并不拘泥于固有形式，变化多端，宜近身短打，运用拳、掌、肘、肩、脚、髋、头等人体部位出击，以快捷短打为主，以贴身缠、靠、肘膝并用为主，利用空间小，适合山地、泥地、船上和室内等地方施展，发劲连续而短促，通过聚气吐声，达到以声摧力，被前人誉为"于牛卧之地挥洒自如"，具有极强的实用性。明代因倭战频繁，设台州、海门、松门三卫，辖兵近二万，历代兵员虽有主、客之分，但台州"子弟兵"毕竟占了相当数量，至明朝嘉靖时，浙江水师提督李长庚在台州地区曾招募不少谙熟缩山拳的民众为水军，使该拳进一步流传，抗倭英雄戚继光镇守台州时编著的《纪效新书》"拳经捷要编"中所载"三十二式击技法"中也吸收了缩山拳的拳步法。

缩山拳拳众在抗击外辱、保家卫国的斗争中立下不朽功勋，特别是跟随民族英雄戚继光驱逐倭寇的事迹广为流传，是台州府城文化的重要组成部分，也是当今台州爱国主义教育的重要组成。使其进入学校传承具有重要的现实意义，所以将其作为本研究的对象之一。

2. 开展传承实践的学校

台州市相关政府部门对于学校开展地方优秀传统文化传承较为重视，为开展传承的学校提供资金、人力、物力上的支持。在国家大力弘扬传承民族优秀传统文化的大背景下，当前该地区较多学校领导和教师对于将台州优秀传统体育文化进校园传承有较为强烈的主观需求。研究者长期致力于对台州优秀传统体育文化的挖掘整理与传承推广，在地方有一定影响力，已和多所学校在学校传承开展方面进行合作，且陆续有学校主动要求研究者为其进行传承开展设计或担任传承指导教师。最后根据研究需要，选取了D中学、T学院作为本研究的传承实践学校。

（1）D中学

D中学创办于1941年，1992年8月，学校升格为台州市直属中学，1999年7月、2002年12月、2006年3月，学校被确认为浙江省三级重点普通中学、晋升为浙江省二级重点中学、确认为浙江省一级重点中学。学校现有72个高中教学班，在校生3800多人，教职工257人。学校坚持德育为先、育人为本的宗旨，以德立校，是浙江省德育工作先进集体。D中学一直重视校园文化建设和学生综合素养的培养，积极整合校内外教育资源，通过邀请相关专家、学者和老师担任社团指导老师等举措，充分挖掘同学们的天赋潜能，丰富校园文化生活，合唱团、话剧社、太极社、书画社、秀口社、健美操社、摄影社、街舞社、文学社等社团活动均开展得有声有色。

（2）T学院

T学院是一所经教育部批准建立的综合性普通本科高校，现有在职在编教职工1303人，专任教师804人，现有人文学院、体育学院、艺术学院等14个二级学院，学校定位为地方性应用型大学，坚持立足台州、服务台州。台州市非物质文化遗产保护中心在传承过程中，迫切希望借助T学院的智力优势与丰富的学生资源，促进台州优秀文化的保护传承与推广事业。T学院将服务地方作为学校主要工作之一，大力支持各二级学院和教师开展台州地方传统文化的研究与推广，成立有台州山海文化传统及当代价值研究团队、T学院天台山文化研究院、T学院和合文化研究院、台州市大陈岛垦荒精神研究中心、T学院民间文化与区域发展研究中心（研究者为该中心人员，中心成员涉及文学、教育、历史、艺术等领域）等台州地方文化研究机构。

T学院体育学院成立于2003年，现有教职工有70人，教授7人，博士8人，多位术科教师为国家健将级运动员；现有体育教育本科1个专业，为浙江省"十三五"特色专业，学生近480名。学院紧紧围绕学校"地方性、应用性、综合性、高教性"的办学定位和"专业的人、文化的人、世界的人"的人才培养目标，坚持"以学生成才为本"，强化"人才创新精神和综合能力培养"，培养了大批优秀学生。2017年6月参加全国高校体育教育专业学生基本功大赛，由体育学院2014级被随机抽选的8名学生组成的T学院代表队在全国23所参赛高校中荣获大赛团体一等奖，还同时荣获运动技能类团体一等奖，总分第一名，基础理论知识与教学技能类团体二等奖；在七个单项比赛中，共获得两个第一名（田径、足球）、两个第二名（英语、体操）、一个第三名（武术）。学院民族传统体育方向有专职教师12人、博士1人、硕士11人，其中国家健将级运动员教师4人，专业师资力量雄厚。

体育学院一直致力于民族传统体育文化的传承与传播，与全国多家传统体育研究单位和专家，以及T学院的教育、文学、艺术等学院合作，努力提升对民族传统体育研究的理论与技术水平。体育教育专业课程和公共体育课程中开设了武术与舞狮选修课，成立了校武术队与舞狮队，并积极服务于地方。舞狮队与武术队多次参加国家级、省级比赛，均获佳绩。舞狮与武术表演是学校重要表演节目，参加各种重要活动，如每年校运动会开幕式表演、迎新晚会、元旦晚会、第二十三届浙江省大学生运动会开幕式表演，以及各二级学院的各种重要活动，队员们精湛的技艺获得学校领导、老师、学生们的好评。作为地方高校，服务地方一直是学院的重要内容，舞狮队与武术队参加过临海市首届春节联欢晚会、台州市文化下乡、江南长城文化节、临海茶辽红枫文化节等地方文化活动。通过积极服务学校与地方，让更多的人了解与喜欢舞狮与武术文化，进而促进青少年对民族传统体育文化的认知度与参与度。

（二）个案进入的方式与建立研究者的伙伴关系

个案研究包含着研究者的参与，因此，如何进入个案是个案研究质量和结果的重要影响因素[1]。在学校社团开展体育非物质文化遗产传承的研究中，研究者的个案进入方式及在行动研究中与合作者的伙伴关系，对于研究行动能否顺利实施至关重要。

---

[1] 徐志勇.专业共生的协作伙伴：教育研究者在学校改进中的角色分析[J].教育理论与实践，2009（31）：40-43.

1. 个案进入的方式：研究者与参与者的双重身份

（1）进入D中学

D中学为进一步丰富学生课外活动的选择，该校分管德育的Jxz计划再增设龙狮社，因该校教师中无人胜任龙狮社的指导教师，外聘指导教师迫在眉睫。研究者是所在学校龙狮团的主教练，所带队伍参加过多次全国比赛，获得佳绩，而且以服务台州为宗旨，多次参加台州地区重要的展演及由市政府主办的文化下乡活动等，在台州地区有较高知名度。故而D中学聘请龙狮指导教师时，第一时间就想到聘请研究者担任。2017年9月21日，D中学团委副书记Jls与研究者进行洽谈，初步达成合作意向，计划成立大田中学龙狮社，聘请研究者担任龙狮社指导教师。

为确定龙狮社成立的具体相关事宜和开展方向，研究者与该校负责人商定时间，于2017年9月25日在D中学校长办公室，研究者与D中学Wxz、D中学德育校长Jxz、D中学团委书记副Jls进行正式商谈，确定了社团练习时间与今后发展的大概方向，决定将大田板龙引进校园开展传承，承担传承弘扬地方优秀传统文化的责任，将龙狮作为D中学德育建设的重要内容，建设校园龙狮文化。由学校购买龙狮器材，校团委Yls负责组织龙狮社成员招聘事宜，通过充分准备，2017年10月16日在Wxz的主持下，在D中学体育馆举行了龙狮社成立仪式，参与人员有D中学德育校长Jxz、D中学团委副书记Jls、负责学校社团管理的Yls、体育组组长Cls，以及首批24名对舞龙舞狮有着浓厚兴趣的同学（为高一高二学生）。

龙狮社正式成立后，Jxz立即与市非物质文化遗产保护中心联系，汇报D中学传承大田板龙的计划，市非物质文化遗产中心Zzr非常赞同，双方约定尽快正式面谈。但由于非物质文化遗产中心该段时间工作事情繁多，最后双方约定面谈时间为2017年10月30日，面谈地点为市非物质文化遗产中心。

时间：2017年10月30日（星期一），9：00—10：30
地点：临海市非物质文化遗产中心
事件：汇报D中学传承大田板龙的准备情况

早上8点，研究者与Jxz一同前往市非遗中心，这是D中学与非遗中心第一次接洽。

先由Jxz与研究者一起汇报D中学的基本情况和德育工作开展情况，以及大田板龙进校园传承的初步设想，汇报当前D中学准备传承大田板龙的情况，将篮球馆作为训练场地，将一个大教室作为板龙制作场地和大田板龙传承展示厅，希望在临海市非物质文化遗产保护中心和大田街道文化站的支持下，召集大田板龙老艺人进行大田板龙校园传承的会议，尽早对大田板龙老艺人进行座谈，挖掘整理大田板龙的文化历史、仪式、内涵，尽快形成文字与录像资料，对大田板龙的制作与训练进行全程录像，并编写大田板龙教材。

非遗中心Zzr听完汇报后非常肯定学校的前期准备工作，同时感谢D中学主动传承地方文化的行为，并对于学校开展大田板龙工作提出建议和需要准备的工作，决定全力支持D中学开展大田板龙传承工作，并计划将D中学定位大田板龙传承基地。（传承实践笔记-20171030）

面谈结束后立即去往D中学，与Jxz和Jls一起向Wxz汇报与非物质文化遗产保护中心面谈的结果，一起就如何发展D中学龙狮社团与申请大田板龙传承基地等事宜进行商讨。Wxz表示一定大力支持板龙传承工作，并与市非物质文化遗产中心Zzr进行电话沟通，商定双方正式洽谈大田板龙校园传承时间。

2017年11月22日（星期三），9：00—11：00

地点：D中学会议室

事件："大田板龙进校园"正式洽谈会

D中学与临海市非物质文化遗产中心在D中学会议室进行正式接洽会谈，会议由Wxz主持，参与人员包括临海市非物质文化遗产中心Zzr、临海市非物质文化遗产中心Sls、大田街道文化站Lzz、大田板龙代表性传承人、D中学相关部门负责人、研究者等，最后达成共识，确定将大田板龙放在D中学进行传承。

Wxz表示大力支持学校开展板龙传承工作，学校提供资金满足社团开展需要，派团委副书记、德育处主任、团委老师一起协助研究者与大田板龙民间艺人的传承工作。同时表示将积极与地方相关部门沟通，由研究者牵头对大田板龙进行挖掘整理，编写大田板龙的教材与制作教学录像资料，建立大田板龙展示厅，今后将参与地方重要文化与节庆活动，将龙狮文化作为D中学的特色校园文化，以及编排大田板龙的舞龙比赛技术套路与舞龙配乐，参加浙江省与全国舞龙比赛等。（"'大田板龙进校园'正式洽谈会"会议纪要-20171122）

（2）进入T学院

研究者多年来一直在该学校工作，担任学校舞龙舞狮、武术专项课教师，指导龙狮队与武术队在全国和浙江省级比赛中斩获多枚奖牌，理论与实践一直围绕台州民间优秀体育文化的挖掘整理与传承推广展开。鉴于体育学院在民族传统体育领域的技术与理论优势，以及学院对传承台州优秀传统体育文化的主动性，研究者在确定研究方向后，决定向体育学院院长汇报学校开展传承的设想与计划，Zyz欣然同意，表示将大力支持，并提供一定的传承开展经费，以及主动提出由学校出面与地方相关部门领导进行沟通协调，解决研究者在与政府部门合作中的级别不等而造成沟通困难的难题。

2017年5月24日，研究者与体育学院武术课程组组长Fls一起前往市非物质文化遗产保护中心商谈T学院传承黄沙狮子与缩山拳的前期事宜。因事先由学院领导与之沟通，且研究者本人长期与非物质文化遗产中心合作，会谈非常顺利。非物质文化遗产中心负责人非常欣慰，因为在研究者提出传承之前，非物质文化遗产中心早有与T学院进行深度合作传承台州优秀体育非物质文化遗产的想法，双方有共同的目标，达成初步意向。会谈结束后，研究者对黄沙狮子和缩山拳进行了深入的考查调研。

经过充分调研和规划，2017年9月26日，研究者向市非物质文化遗产中心递交了"T学院体育学院申请黄沙狮子、缩山拳传承申请书"，非物质文化遗产保护中心成员现场讨论，申请予以通过，并约定2017年10月27日双方进行关于台州优秀体育非物质文化遗产进校园的正式洽谈。

2017年10月27（星期五），14：00—16：00
地点：T学院体育学院会议室

事件:"台州优秀传统体育文化进校园传承"正式洽谈会

市非物质文化遗产保护中心Zzr、Sls,偕同黄沙狮子、缩山拳、戚家军等数个文化研究所负责人前往体育学院,接洽优秀非物质文化遗产校园传承活动,体育学院院长Zyz主持接洽会。

Zyz首先对Zzr一行的到来表示热烈欢迎,简要介绍了学校和学院的发展历史,通过翔实的数据展示了体育学院在教学、科研、竞训等方面取得的突出成绩,重点推介了舞龙舞狮这一学校优势品牌和武术队在全国、省级大赛上取得的荣誉,高度评价"优秀非物质文化遗产校园传承活动",非物质文化遗产活动进高校,无论是对黄沙狮子、缩山拳等民间技艺的学习与继承,对民族传统、民族文化的薪火相传,还是对爱国主义、民族精神的发扬光大,都充分体现了文化自信,具有十分积极和重大的意义,也是体育学院校园文化建设的有机组成部分。

Zzr认为体育科学学院师资条件优,学生素质好,训练水平和比赛成绩突出,影响面广,是非物质文化遗产传承的重要渠道和平台。他希望能在体育学院舞龙舞狮、武术等运动队的基础上,通过校地合作建立基地,对台州本土的民间技艺作进一步的深度发掘、理论研究、层次提升、成果汇编。

与会双方达成合作共识,并在教材编写、队伍组建与训练、成立社团、在职培训、制作微信公众号、提供各种宣传展示平台、建立合作长效机制、扩大社会影响等作了深入的交流和探讨。("'台州优秀传统体育文化进校园传承'正式洽谈会"会议纪要-20171027)之后,T学院黄沙狮子、缩山拳传承实践工作拉开帷幕。

2. 建立研究者的伙伴关系:成为"局内人"

在质的研究中,研究者是主要的研究工具,研究者的角色会深深牵动着现场中相关人员间的互动形式[1]。研究者在D中学开展传承研究中,被学校聘为龙狮社团指导教师,负责教授社团学生布龙技艺和社团管理工作,并协助大田板龙民间艺人的板龙传承教学,以及负责组织学校教师、大田板龙传人、地方

---

[1] 王萍.幼儿园课程实施现状与特征的个案研究[D].长春:东北师范大学,2010:41-42.

文化部门等相关人员制作板龙器材、编写教材、制作教学视频等工作，通过深入参与与合作，研究者与学校传承的相关主体成为伙伴关系，成为D中学传承大田板龙工作中的"局内人"。T学院传承开展工作中，研究者负责社团成员的招募、管理、训练、比赛、辅助黄沙狮子与缩山拳民间艺人的传承教学、组织社团成员参加校内校外的展示与比赛、主动争取政府部门与社会组织的支持等工作，所以与参与传承相关的师生、地方政府部门人员、社会组织人员等成为了伙伴，成为传承的"局内人"。

（三）资料收集与整理分析

1. 收集资料

一是影像资料，对实践活动运用录像、录音、照片等形式进行记录，并对其进行编码存档，并将这些资料分享给传承小组成员，以供大家回顾和了解传承实践的实时状况与进展，为传承小组研究与分析提供材料。

二是文字资料，包括传承实践活动中对传承参与主体的观察记录，密切观察其言行举止，及时记录；对传承参与主体进行正式、非正式访谈，在受访者同意的前提下进行录音，结束访谈后及时转化为文字资料，并予以编码处理；参与传承实践中的反思记录，对传承实践参与主体参加实践活动后的反思与总结及时记录，包括传承实践中发生的事件、活动中存在的问题、个人认知等。

三是传承相关主体的研讨交流，定期和不定期地举行传承小组成员集体研讨沙龙，对前一阶段开展传承情况进行总结与讨论，分析成功与不足之处，提出行之有效的改进措施，并对下一阶段传承实践活动的开展进行讨论与设计。

2. 整理分析资料

整理分析资料主要指根据研究目的，对所搜集和获得的原始资料进行条理化和系统化，之后用逐步浓缩和集中的方式将原始资料反映出来，资料的整理和分析的最终目的是对所搜集的资料进行意义解释[1]。

在研究结束后，研究者将传承实践研究中收集到的文字、录音、影像等资

---

[1] 陈向明. 质的研究方法与社会科学研究［M］. 北京：教育科学出版社，2000：269.

料进行分类、归纳和整理，并注意在分析过程中尽量还原原始的资料数据，力求以真实的材料反映体育非物质文化遗产学校协同创新传承模式的实践成效。

首先对资料进行整理。对研究资料进行编号，建立编号系统，包括下列信息：资料提供者信息，如教师用js表示，校长用xz表示，主任用zr表示等；资料来源，访谈用ft表示，观察用gc表示，对话用dh表示，录音用ly；资料排列序号，用资料收集的具体时间表示，如2018年10月10日用20181010表示。如2018年10月10日的访谈用20181010ft表示。

然后对资料进行分析。资料收集有访谈、观察及实物收集等，资料是随行动的开展而具有动态性及过程性，所以本研究在分析资料时"将资料放置于研究现象所处的自然情境中，按照故事发生的时序对有关事件和人物进行描述性的分析"[1]。

（四）研究效度与伦理

1. 研究效度

效度是指研究的效力和效果、陈述的真实性、正确性，效度必须"从研究内容到采用的研究方法与研究对象都是一致的"[2]。"质的研究中判断某一表述有效时，并非表明这一表述是对该研究现象惟一正确的表述，只是表明这一表述比其他表述更为合理。"[3]为保证本研究的效度，研究者从以下几个方面进行了努力：一是在保密的前提下，尽量引用对访谈、对话、现场拍摄等文字与影音资料进行转化后的直接资料。二是研究者在整个传承工作中作为重要参与者，对研究过程进行详细的记录，采用观察、访谈、对话、研究日记等多种方法，收集真实的资料；结合研究场景、研究对象，及时整理分析，确保时效性，避免后期整理材料缺乏现实场景与感悟。三是进行三角验证，"将同一结论用不同的方法，在不同的情境和时间里，对样本中不同的人进行检验"[4]，综合学校传承相关参与主体，根据研究目的，运用观察、访谈、文

---

[1] 陈向明. 质的研究方法与社会科学研究［M］. 北京：教育科学出版社，2000：289.
[2] 黄毅英. 教授现在告诉你：如何开展教育研究［M］. 武汉：华中师范大学出版社，2010：75.
[3] 陈向明. 质的研究方法与社会科学研究［M］. 北京：教育科学出版社，2000：389-390.
[4] 陈向明. 质的研究方法与社会科学研究［M］. 北京：教育科学出版社，2000：403.

献分析等方法对研究过程中收集的文字、影音资料进行三角验证。

2. 研究伦理

本研究中，研究者参与到学校开展体育非物质文化遗产传承活动中，从进入研究现场开始的每一步都涉及研究伦理问题。本研究遵循以下原则：第一，自愿与不遮蔽。通过各种关系与地方文化部门、传承实践学校领导与教师、项目传承人等相关单位与个人取得联系，表明研究意图，介绍本研究的实验步骤，通过协商达成合作意愿；参与学校开展传承实践的主体包括学校教师、学生、代表性传承人、政府相关部门官员、家长及社区相关组织，涉及人员较多，各组织或个人以自愿参与为原则，不会受到任何压力或强制性参与，进入与退出自由。第二，及时沟通。在传承实践开展过程中，会涉及学生外出展演或比赛等活动，在组织活动前，会先请示学校主管领导、家长、教师，与之沟通交流，同意后才组织参加这些外出活动；为了解参与学校体育非物质文化遗产传承的相关主体在传承实践中的个体感受或看法，会对一些成员进行访谈，在访谈前会事先与之沟通，获得访谈许可后再进行访谈研究。第三，尊重隐私与保密。对参与本研究的相关人员、访谈调研对象等均采用字母代替真实姓名，保证不会对外泄露其个人信息。

二、传承方案的实施

从协同创新的理论视角分析，学校社团开展体育非物质文化遗产传承，是学校传承相关利益主体围绕传承目标，实现传承资源共享与科学调配，传承信息及时沟通交流，充分释放学校社团传承系统中各要素的活力，打破传承利益主体间的壁垒，发挥各要素的优势，获得整体传承效应，提高传承效能。

（一）社团教学

社团教学是学校社团开展体育非物质文化遗产传承的重要环节，是社团学生了解与掌握体育非物质文化遗产文化技术的主要途径。社团教学活动的设计需考虑学生的技术学习与民族文化传承，教学内容要符合非物质文化遗产传承的本真性与整体性原则，教学实施要将传统教学与信息化技术相融合，教学评价要协同学校社团传承的相关利益主体。

1. D中学龙狮社板龙教学

为整体传承大田板龙，培养年轻传承群体，在研究者与传承小组成员多次沟通交流后，决定学校传承内容设置为：第一，"蛟龙出海"。大田板龙技术动作，作为外在表现的技术是体育非物质文化遗产的直观体现，学习龙头、龙尾、龙身的舞动技术，包括游龙、盘龙、抢蛟、穿龙的技术，以及快速游龙时全队的配合；板龙出宫、游行、盘龙的仪式流程。第二，"鼓乐悠扬"。板龙出行时鼓乐为先，学习中锣、小锣、叫锣、拍板、中扁鼓、大钹等乐器的击打技巧。第三，"板龙制作"。包括龙头的制作技艺、龙尾制作技艺、龙身制作技艺，以及刻纸技艺、剪纸技艺、木工、竹工、缝纫的基本技术。第四，"府城文化"。大田板龙传承历史脉络，拜师学艺的仪式与具体要求；台州府城文化与中华民族传统文化，让学生了解台州府城文化、山海文化，培养区域文化认同，进一步学习了解中华民族优秀传统文化。

（1）"蛟龙出海"之"盘龙抢蛟"学习设计

大田板龙表演分为文戏与武戏两个部分。先是文戏部分，主要体现在大田民间艺术展览上，板龙制作完善之后，将其放在晒谷场上让大家欣赏，看看制作怎么样，评一评谁制作的好看，比较一下哪条龙扎得好，哪条龙的剪纸漂亮。然后就进入武戏部分，先盘龙，接着进行抢蛟，"盘龙抢蛟"是大田板龙的核心部分之一。开展大田板龙的"盘龙抢蛟"可以促进学生团队意识养成、培养吃苦耐劳的精神，通过学习"抢蛟"中的快速奔跑、躲闪，可以促进学生身体健康。

（2）"盘龙抢蛟"活动开展

①第一次学习。

时间：2018年5月16（星期三），16：10-16：50

地点：D中学田径场

学习内容：盘龙抢蛟

研究者：同学们，今天我们学习"盘龙抢蛟"，请问有谁了解吗？

（学生多数摇头，表示不知道。）

研究者：好的，那掌声有请D老师为我们讲解什么是"盘龙抢蛟"。

大田板龙传承人D老师：盘龙的规定是，老龙在外圈，二龙在第二圈，三龙在第三圈，野蛟龙是由着自己的性子走的，它相当于一个小孩子[1]。抢蛟的规则就是最里面的三龙，它就要突破第二圈的二龙跑到外面来，要是突破跑出来了就算抢蛟成功了，要看准时机，加快速度，当二龙从这个地方盘到另外一个地方，找准这个时机的空缺，三龙提龙灯的人要马上穿过二龙冲出去，但是二龙是不会轻易让三龙冲出圈的，会牢牢地看紧三龙，你三龙想跑就拦住你，所以就是要比智慧、速度、力量。

学生：D老师您好，请问为什么叫"盘龙"？

大田板龙传承人D老师：大田板龙的名字是现在叫的，过去大田人都叫大田龙灯，板龙本身就是龙灯的一种形式，龙里面点上的蜡烛会发亮，好像毛兔灯、走马灯一样，盘龙的时候我们会往麦田里走，盘龙是选择在田里长满麦子的时候进行，龙走过后丘田的麦子在收成的时候都是大丰收的，为什么呢？早年我们的祖先把龙在麦田盘龙称为龙在田里撒尿，龙盘之处就把龙尿撒在田里，让麦子有神奇的营养，所以麦子就会收成好。实际上按科学解释就是压麦，你盘龙的时候表演者脚在麦田里踩，促使麦苗丰热，所以到收获的时候会增产，所以好多老百姓都喜欢板龙表演盘龙的时候到自家麦田里踩一踩。

研究者：谢谢D老师，同学们，请大家过来看看"盘龙抢蛟"的录像。

---

[1] 大田板龙种类可按照大田街区来分，大田的龙是分地位的，就像辈分一样，上街村的是老龙，老龙是白的胡须；横街村是二龙，二龙的胡须是一半黑一半白的；下街村是三龙，三龙的胡须是全黑的。还有一条就是大田刘村，因为大田有三条龙了，它是来客串的，就是野蛟龙，胡子是红色的。

（因为板龙很长，篮球馆内由于空间有限，学习该动作较为困难，所以在田径场进行，研究者准备了笔记本电脑，把该动作播放给学生看，让学生有一个整体了解。）

学生：哇，这么帅气，抗这么重的龙头还跑这么快，厉害。

看完视频后，在D老师的指挥下，学生拿龙学习。（传承实践笔记-20180516）

社团活动时间为40分钟，D老师讲解与看视频花了近15分钟，学生拿龙先学盘龙，再学抢蛟。D老师虽然七十多岁了，但体力还保持得不错，手里拿着滚珠（大田板龙的龙珠，圆柱形状的红色灯笼），大声指挥学生盘龙和躲闪奔跑。学习活动结束后，在送板龙回器材室的路上，向学生问及本次学习情况。"在视频上看着很简单，但是真正做起来就很难，那么重的龙头，左右摇晃得厉害，很害怕龙头倒，哪里还敢跑。"（20180516dh-板龙龙头成员之一Gkj）"我们三个负责龙头，配合得不好，Gkj抗着，我和Zk两个人用叉子顶着，不走的时候还好，走起来就晃得厉害，我感觉撑不住，D老师还要我们快点跑，跑不动，手忙脚乱的。"（20180516dh-板龙龙头成员之一Wyk）"我中间也有问题，感觉前后拉扯得很厉害。"（20180516dh-第三段舞龙者Cza）

学习"盘龙抢蛟"

学习"盘龙抢蛟"

回到器材室后，学生放好龙，去食堂吃晚饭了。只剩下研究者和D老师，于是先问D老师对于本次教授学生盘龙抢蛟的感受，对本次学生活动的评价，以及他自身教学的感想。

"在教他们之前，我觉得一次课就应该可以跑起来了，以前我们学盘龙的时候好像就很快，只要龙头跑得快，后面的人就跟得快。但是这些学生好像扛不起这个龙头，小年轻们体力不行。"（20180516dh-大田板龙传承人D老师）

对于D老师说龙头力量不够的问题，我们进行了交谈，其实这三个负责龙头的学生在力量素质方面在同龄中算是较好的，三个人在不跑动的情况下，能够举龙较长时间，说明还是能够胜任龙头这个位置。经过分析，问题还是出在三个人的配合上，中间的人用肩扛，两边的人用叉子撑住，保证龙头不左右摇晃，在跑动起来后，需要三个人脚下保持同步，左右两个人不能有人放松。对于中间舞龙的同学反映前后拉扯情况，也是由于队员们脚步不统一所致。板龙作为一个集体项目，而且木板不能前后伸缩，要完成好动作，需要整条龙的队员团结一致，基本保持同样的步频与步幅，形成团队默契，需要学生们经过磨合方可达到功效。所以D老师第一次要求学生们跑起来，要求较高。决定下次练习时由走到跑，慢慢过渡。

135

②第二次学习：改进后的进步。

时间：2018年5月25（星期五），16：10—16：50
地点：D中学田径场
学习内容：复习"盘龙抢蛟"
由于近期下雨的缘故，上周五与本周三均无法在田径场进行练习，因为板龙龙身的纸花不能被雨水淋湿，否则纸花会脱落，且会掉色。
研究者：同学们，我们这次课的内容就是复习上周的盘龙抢蛟，上次大家基本学会了动作，但是速度没有起来，没有抢蛟的味道，我们这次争取抢起来，好不好？
"好"（社员们高声回应，他们对于板龙的热情一直很高昂）
研究者：上次大家脚下有点乱，所以前后拉扯，这次我们先不急着跑，大家听口令，统一迈脚。
于是研究者与D老师各指挥一条龙，在"1-2-1"的口令指挥下，队员们逐渐调整好步伐，前后拉扯现象基本解决。
为了培养学生团队意识，将口令指挥权交给龙头。龙头大声喊着，同时逐渐加快速度，跑了起来，两条龙一个要突围，一个要拦住，抢蛟的场面初现。（传承实践笔记-20180525）

作为第二次学习，能达到如此效果，D老师较为满意，"其实他们是可以跑起来抢蛟的，体力也够，也能跑，上次教的时候方法不对。我以前学的时候，师傅也没有讲太多，反正就是叫我们跑快点。"（20180525dh-大田板龙传承人D老师）民间传承时，"就这么做"是老师傅们常用的方式，虽说"师父引进门，修行靠个人"，但是这个"引"尤为关键，采取什么样的教法方法来引导学生学习，是民间艺人进校园传承需要考虑的问题。

（3）"盘龙抢蛟"活动的反思

对于集体精神的培养，可能学生们以前没有过实际的体验，通过抢蛟学习，真正领悟到什么叫"整体"，为什么个人要服从集体，团结一心方可克服困难。这就是体育非物质遗产项目有别于其他口头或纯文字对青少年进行教化的独到之处,身体力行参与其中,对于某一事物的认识会更加直接。凸显学生主体地位也尤为重要,学生在教师的口令指挥下,处于被动态势,当口令指挥交给龙头后,学生可以根据自己队伍的情况来掌控速度,何时转弯,何时突出重围等,都更加自由多变,使得抢蛟的韵味十足。整条龙的成员在休息间歇还会进行商讨,制定行动方案。在不断地学习与交流演进中,也培养了学生作为板龙传承人的意识。

为了给学生上好板龙课,研究者经常到板龙传习所与老师们进行交流,和他们商量,这个内容该如何讲,应该告诉学生哪些东西,让学生能听得懂,还要不让他们感觉太难,产生害怕学不会的想法,不能影响学生对板龙学习的热情。所以经过大家不断的探讨交流,学生也能听懂,老艺人们也学到了很多。"教学相长"在板龙传承教学中得以完美诠释,指导教师通过指导学生系统全面地学习板龙,让自身对板龙文化进行了再学习与再思考,丰富了对板龙技术与文化的理解与认知。"我们以前就知道怎么做这个东西,怎么舞,现在要教学生了,才发现好多东西讲不'凌青'(台州方言:清楚、明白的意思),通过这段时间的上课,我每天都在想,我怎么去讲、怎么去教?"(20180525dh-大田板龙传承人D老师)学生在传承活动中,由原来的不知或是"知其然,而不知其所以然",学会了舞龙技术,也真正了解了为什么这么舞,板龙的文化内涵到底是什么。

2. T学院功夫舞狮社的黄沙狮子与缩山拳教学

为整体传承黄沙狮子与缩山拳,培养年轻传承群体,在研究者与中心成员多次沟通交流后,确定黄沙狮子学习内容:一是舞狮基本技术、狮头、狮尾握法,狮头基本动作,舞狮基本步法,狮子基本动作,引狮员动作;二是单桌跳跃;三是高塔徒手动作;四是扫场武术表演,绝三拳一套,单棍、双人对棍;五是"骨牌九锣鼓乐",学习鼓、大锣、带头锣、大铙等乐器的击打技巧;六是套路表演流程,游街出巡、入庙探神、广场表演、迎亲送子等不同场合时的锣鼓、旗阵、狮子的出场顺序,以及表演程式;七是黄沙狮子历史与文化内涵,包括传承历史脉络、历史名人、英雄轶事、拜师学艺的仪式与具体要求;八是台州传统文化与中华民族传统文化。缩山拳学习内容:一是缩山拳的基本手法、腿法、步法、桥法、肘法;二是缩山拳、缩山凳、缩山刀套路;三是缩山拳历史与文化内涵，包括传承历史脉络、历史名人、英雄轶事，拜师学艺的仪式与具体要求；四是台州传统文化与中华民族传统文化。

(1) 黄沙狮子"狮舞四角"与"桌上筋斗"学习设计

黄沙狮子的舞狮基本动作包括绞子、侧滚、点睛撒冒、跌马、狮舞四角、拜谢、狮子山上、狮子吞人、狮子下山、狮子踞伏、狮子跳四角、狮子游球、狮子抓痒、狮子玩球、睡姿等。单桌跳跃包括过堂、下巴点、桌上筋斗、桌角头点、硬腰、桌角硬腰、锁后、双八仙过堂、乌鸦插井、钻圈。"狮舞四角"是黄沙狮子表演中的地上动作，由引狮员持黄沙狮子特有的引狮器械"绳球"与狮子配合完成，是黄沙狮子学习的基本动作，也是目前黄沙狮子地上表演的主要动作。"桌上筋斗"是黄沙狮子表演地上跳桌的组成之一，也是单桌跳跃中其他动作和高塔倒立动作的基础学习动作。学习这两个动作，不仅让学生初步了解黄沙狮子及其技术内涵，为后续深入学习奠定基础，也能培养学生团结互助的意识。

(2) "狮舞四角"与"桌上筋斗"活动开展

①第一次学习：了解与探索

时间：2017年11月19日（星期日），上午8：00—11：30

地点：T学院武术馆

学习内容：狮舞四角、桌上筋斗

学院有功夫舞狮队，成立于2009年，所以将传承这两个项目的任务放在了该队，同时向全校招募有意愿参与传承的学生，成立了功夫舞狮社。商定社团练习黄沙狮子的时间为周四17：10—19：00。由于黄沙狮子传承人W师傅想带黄沙狮子传习所几个就读于初中的年轻学员来向研究者学习北狮技术，故而本次训练安排在周日，经过研究者与学生商议，同意此次练习安排在周日上午。

练习时间为早上八点，研究者于七点二十到达武术馆，开门、整理收拾武术馆，等候艺人们一行到来。通知队员七点半准时到场，学生到达训练馆后，要求他们先自行热身，等候师傅们到来。七点五十左右，几位师

第六章　体育非物质文化遗产学校社团传承的实践

傅到达武术馆。从白水洋上游村到学院开车大概需要1个小时，所以师傅们早上6点多就起床了。

每次他们到学校来教学，非物质文化遗产中心给的劳务费不多，但是他们很喜欢练习黄沙狮子，想更多的人学习黄沙狮子。对于他们这份认真，研究者与队员们深受感动，所以学习也尤为认真。

首先学习黄沙狮子"桌上筋斗"。

W师傅：同学们，下面学的这个动作叫"桌上筋斗"，我先做一个。

（W师傅做了一次示范，动作很漂亮，但有学生说没有看得很明白，想W师傅再做一次，又接连做了两次）

W师傅：这个动作做的时候，你们要跑得快，翻筋斗的时候，腰要用力，我们先跳跳试试。

（有几个队员学习过地躺拳中的头手翻，在平地上能够轻松完成头手翻，早就跃跃欲试。但是第一次尝试，未能独立完成，最后在几位师傅的帮助下才得以完成。）

（于是集合大家进行讨论，为什么平地轻松完成，上桌后就无法完成了呢？）

（通过讨论分析，学生有了答案，因为黄沙狮子表演用桌高1米，在练习桌上翻筋斗的时候，原有平地技术在桌上进行时会出现危险，因为平地练习时需要快速挺腰发力，桌上进行时会让练习者腰磕到桌子边缘，技术动作得重新适应。）

然后，W师傅对动作进行分解讲解（研究者在一旁协助讲解动作要领）。该动作学习时间约为一个半小时，队员中有两人能独立完成，其他学生在老师和同学的辅助下能完成，另有两个学生由于害怕而未能完成动作。

接着学习黄沙狮子"狮舞四角"。

学习的动作是黄沙狮子舞狮动作上半坦"狮舞四角"，动作由跌马、亮相、撒冒、绞子组成。最开始教学动作是"跌马"（就是侧滚翻，类似北狮侧滚的动作）。所有动作组合东南西北四方各做一次。

（在指挥队员完成动作的过程中，W师傅依旧用的是本地话，应该是他习惯了，因为他在村里的传习所教授黄沙狮子的对象全是白水洋本

139

地人，都是用方言进行交流。而且很多动作是方言才能表达的意思，比如"撒冒"就是狮头单脚内旋里合腿的动作，从蹲在地上的引狮员头上跨过，意思就是小孩玩耍时跨过别人头顶给对方尿尿的意思）。

（北狮外形于唐朝基本定型，所以黄沙狮子创立者杨显枪多年跟随杨家军抗击外辱过程中，对北方狮子的外形与技术有深刻认识，其狮子外形受北狮影响较深，与北方狮无太大差异，然则台州府作为东南沿海之地，南方传统舞狮对其产生影响，所以黄沙狮子不同于北狮重要之处在于狮头与狮被缝合一体，这恰为南狮外形特征。）

社团的成员跟随研究者一直学习北狮技法，同时辅以南狮技巧，所以学生在学习黄沙狮子基本动作时进度较快。W师父他们的评价为基础好，学习快，学会了舞狮动作的上半坦"狮舞四角"。但是熟练程度不够，还有就是在行进过程中狮子摇头不是很好、亮相最后没有发力动作，还有几个狮子狮嘴仰太高，能从外面看见舞狮人的头，W师傅说"这不是狮子，是鸭子"。

学习结束后，学生集合，集体向几位师傅行抱拳礼，并说"谢谢师傅，您辛苦了"。（传承实践笔记-20171119）

学习黄沙狮子"跌马"

第六章　体育非物质文化遗产学校社团传承的实践

学习黄沙狮子"桌上筋斗"

本次学习的整体效果较好，但是对于"桌上筋斗"动作，部分学生还不能独立完成。"W师傅教动作的时候就是做示范，然后就要我们做，最开始胆子大，敢往桌上跳，但是后来膝盖撞了桌子一次后，就不敢做了，害怕，主要是对这个动作到底该怎么做不是很清楚。"（20171119dh-功夫舞狮社学员Ljf）

学习活动结束后，研究者与W师傅一起沟通交流，认为要完成"桌上筋斗"这个动作，需要做到以下几点：第一就是要克服自身心理障碍，不能有畏惧心理，否则动作无法完成，且容易受伤；第二是要掌握好起跳的节奏，起跳时要求双脚同时起跳，屈膝以半蹲和深蹲的形式起跳，给自己足够的起跳势能，起跳时脚后跟收起向臀部靠拢，起跳点要靠近桌子；第三是助跑要快速，给自己足够的向前的速度，从而能够保证完成动作；第四是完成桌上动作时要连贯，一气呵成；第五是双手要尽量向桌子前方用力按桌子，在身体支撑向前时双手要用力向后推桌子。

对于"狮舞四角"中出现的问题，主要体现在学生没有学会发力与控制，以及为看见场上情况而将狮头仰太高形成"鸭子"。"S老师（市非物质文化遗产保护协会会长）老在说我会做不会教，我也没有读多少书，讲不来的，我们要合作，我来做，你来讲。"（20171119dh-W师傅）对动作分析清晰后，决定在下次练习时由W师傅做动作，研究者在一旁辅助讲解。

②第二次学习：改进与成功

  时间：2017年11月23日（星期四），17：10—19：00
  地点：T学院武术馆
  学习内容：复习狮舞四角、桌上筋斗
  研究者：同学们，今天我们复习上次学的狮舞四角和桌上筋斗。还有较多同学掌握得不是很好。先有请W师傅做一次示范，大家仔细观察动作。

  （W师傅把两个动作做了示范）

  研究者：大家看清楚了吧，想想自己做的动作还有哪些地方存在问题，相互讨论交流。

  （给出10分钟时间让学生自己发现问题，与同学交流探讨。研究者与W师傅先不发表评论）

  研究者：好，讨论结束，请大家过来看上次练习的视频（每次技术学习时都会进行录像），看看上次自己做的动作问题出现在哪里？

  （大家边看视频边发表自己的见解）

  （W师傅和研究者一起将W师傅的示范动作视频进行讲解，分析动作要领）

  视频讨论结束后，由W师傅带领学生复习。研究者大声提醒"收"（跳上桌时要快速收大腿），"挺"（筋斗下翻时腰要挺），"推"（下翻时双手用力推桌面），"狮头摆头要猛，快摆快停"，"狮头压低点，我看见你的头了"。（传承实践笔记-20171123）

  本次活动结束，学生掌握了"狮舞四角"的动作，也不再出现"鸭子"狮，能够在引狮员的指挥下完成四只狮子配合动作。"桌上筋斗"学习效果也较好，所有人在辅助下均能进行连贯动作。"这次学习效果很好，把动作讲清楚了，我在做的时候就知道该怎么去做了。"（20171123dh-功夫舞狮社学员Jzk）"不把动作讲清楚确实不行，学生没有搞懂，动作老是有问题。以后再来教之前，

我要好好想想，怎么来说这个动作。"（20171123dh-W师傅）

（3）"狮舞四角"与"桌上筋斗"活动反思

本次活动设计的动作为黄沙狮子的基本动作，是整体学习黄沙狮子技术动作的基础。要求练习者协同合作，如"跌马"时要求狮头狮尾在听到引狮员发出"呔"指令时，同步侧滚；"撒冒"动作要求狮头甩头与引狮员抬腿恰到好处，否则会发生碰撞；"狮舞四角"是四只狮子将跌马、亮相、撒冒、绞子四个动作在东南西北四方各做一次，四只狮子在引狮员的指挥下，动作要同步。所以通过这些学习能够有效促进学生的团结。对于"桌上筋斗"，一张八仙桌平放于地，桌下由一队员将其稳定，练习时，另需保护，以防止跳桌队员腰部磕到桌子边缘。所以练习该动作可培养队员相互间的绝对信任，以及克服自我心理障碍，提升个人胆识等品质。

对于较多民间艺人在传承过程中讲解能力较为欠缺方面，要在学校开展体育非物质文化遗产传承，需要配备体育教师辅助教学，主动与民间艺人沟通交流，分析动作结构，在传承教学中，及时讲解动作的发力、路线及关键环节等，能够有效提高传承效率。"纸上得来终觉浅，绝知此事要躬行"，这是参与体育非物质文化遗产传承后的深刻感受。中华传统体育文化博大精深，需要练习者刻苦学习，用心领悟，否则只能停留于书面文字或录像视频。对于民间艺人来说，学校教学的经历也是他们自我素养提升的过程，在对学生讲解示范的过程中，需要不断思考、不断改进，有助于传承人本身的文化与技术提升。

（二）社团活动

学校开展体育非物质文化遗产传承要立足于校园，积极与其他学校交流，努力融入社区文化建设，消除自闭，走向协同，理论研究与传承实践紧密结合，满足社会与学生的需要，实现体育非物质文化遗产的协同创新传承。开展丰富的社团活动，是对学校开展地方优秀传统文化传承的有力宣传，也是让更多的学生了解与走近非物质文化遗产，关注或直接参与到传承中。在研究者的建议和传承学校领导、地方相关部门的大力支持下，社团将传承项目在进行展示展演、比赛，提升项目在学校与地方的知名度。组织学生参观项目传习所，近距离了解与感受传承项目的文化历史。

1. D中学龙狮社活动

龙狮社队员技术初步成型后，参加了学校每一次的重要活动，并参加浙江省舞龙比赛，以及地方政府部门举办的文化活动。

（1）参加由台州共青团举办的"传统遇见创新、制造遇见文创"活动

本次活动集中了台州地区传统小吃、剪纸技艺、台州民间传统歌舞、传统戏剧等，是台州传统文化的一次大聚会。D中学团委副书记Jls提前十多天在社团练习的时候专门到训练场向告知此次活动消息，能参与这次活动是学校和市非遗中心共同努力的结果。

大田板龙由于缺少年轻队员参与，老一辈艺人由于年岁较高，不适合剧烈奔跑，所以近年来基本没有参与地方重要的文化活动，即使元宵节也不见其身影，地方文化部门对传承忧心忡忡，但板龙进入D中学开展传承后，传承断层的局面得以消解，板龙传承重燃希望。所以大田街道文化站Lzz和市非遗中心Zzr也极力为D中学板龙队参与地方重要活动而努力争取。再加上D中学Wxz一直鼎力支持学校开展板龙传承工作，把板龙文化作为校园特色文化、培育学生民族文化精神、塑造高尚德育品质的重要载体，在政府相关部门的会议上，着重介绍学校板龙传承情况。

融入社区是学校开展地方优秀传统体育文化传承的重要实践措施，通过参与社区重要文化活动，将地方优秀文化向民众展示的同时，也积极接受地方民众的指点，获得多重功效。接到表演人物后，研究者与传承人一起加快学生的练习进度，争取在全市人民面前一展大田板龙的雄姿。

时间：2018年6月17日（星期日），6：30—11：00

地点：浙东休闲家具城

事件：参加台州共青团举办的"传统遇见创新、制造遇见文创"活动

本次活动正式开始时间为上午九点，D中学到活动地点距离约4.5公里，原计划用货车将板龙运至表演地点，但是大田街道文化站Lzz和学校Wxz商议，决定由龙狮社学生拿着龙步行过去，缘由是为了穿过大田街

区，向社区居民宣传D中学板龙队，让板龙走进社区，与民众近距离接触。所以通知学生6：30准时到学校。

虽是周日，Lzz和Wxz亲自带队，早上7：00，板龙队从学校出发，队伍最前面是锣鼓，接着是大旗，然后是滚珠，最后是板龙，一行浩浩荡荡向活动地点进发。经过大田街区时，响亮的锣鼓声早早吸引民众出门观看这久违的大田板龙，看到是一支年轻队伍时，人们纷纷鼓掌。

到达浙东休闲家具城的时间为8：20，学生们体力消耗较大，Wxz组织学生给大家发放面包和水，等候表演。大田板龙为本次活动的第二个节目，时间安排在9：20，表演开始后，队员们在锣鼓声的伴奏下，给观众表演了游龙、穿龙、盘龙抢蛟等动作，获得了观众雷鸣般的掌声。表演结束后，队伍走回学校。（传承实践笔记-20180617）

这是D中学板龙队第一次走出校园，走进大田板龙生成的环境，很多龙狮社社员的家长偕同亲朋好友与校板龙队在大田街道表演游行。此次活动深深地拉近了学校板龙队与大田社区民众的距离，民众纷纷表示学校传承大田板龙这一行为非常好，既传承了大田优秀传统文化，又锻炼了学生的身体。很多家长表示如果自己的小孩以后在D中学读书的话，也会鼓励其参加龙狮社。学校领导和主办方对这次校板龙队的表演予以高度评价，年轻人的活力为这一古老文化注入新鲜血液，在全市民众面前展示传统文化的同时，也展现年轻一辈对民族文化传承的热情。

积极主动组织学生参与地方组织的重要活动，让学生在与乡亲互动的过程中感受大田板龙文化、台州府城文化的魅力，能够较好地弥补学校教育中场地、规模、仪式流程的不足之处。通过在与社区民众的互动交流中，对于地方优秀传统文化的了解与认识有较好的效果。发现与探究学习这些传统文化过程中出现的困惑，在懂得板龙文化的社区民众讲解后，解开心中的困惑，反哺学校传承。

（2）参加学校"欢迎德国维尔纳·冯·西门子一级文理中学师生回访"活动

德国维尔纳·冯·西门子一级文理中学与D中学每年都会安排学生互访活

动，学校为外国友人安排了一场欢迎晚会，板龙作为校园活动的明星，故而也是本次晚会的重头戏。表演安排在晚上七点，两条板龙在龙狮社成员们的舞动下，气宇轩昂，烛光将龙身上的各种剪纸图案照映出来，漂亮非凡。社员们还带领外国友人参观了大田板龙展示厅，与大田板龙代表性传承人一起手把手地教他们学习板龙制作、刻纸、舞龙等技艺。学校安排板龙这一系列活动，就是向外国友人展现中华文化的博大精深，通过参与舞龙、制作等，加深其对中华传统文化的了解与认知。

表演候场

表演现场

第六章 体育非物质文化遗产学校社团传承的实践

时间：2018年10月16日（星期二），18：20—20：00
地点：D中学田径场，大田板龙展示厅
事件：参加学校"欢迎德国维尔纳·冯·西门子一级文理中学师生回访"活动

今天的表演很成功，社员们在外国友人面前完美的表现获得阵阵掌声。表演结束后，与社员们交谈，了解他们参加本次表演后的感受。

研究者：请大家聊聊今天参加这个活动后有什么感受？

Jrq：这是我们第一次在全校学生面前露面（龙狮社学习场所为篮球馆和大田板龙展示厅），而且还在外国人面前表演，这几天都好紧张，但也很兴奋，今天表演的时候，听到那么多的掌声，我觉得很开心，我们很厉害，哈哈。

Byy：我今天还教两个外国朋友刻纸了呢，虽然我学的时间不长，但是在教他们的时候，他们都夸我厉害。以后我得更加努力学，不然在向别人展示的时候，觉得自己会的东西还是不够，要是今天他们有时间要多学，我就不敢教了。

Fyc：以前老人家说，女的不准舞龙，可是我们今天就舞了，而且是在这么多人面前表演，大家觉得我们舞得很好看，我同学说有人在看到我们女生舞龙时说："你看，那几个女生好厉害，还会舞龙"，也没有人说我们不该舞，说明这个社会对于传统的认识也在发生改变，我们会继续加油。

社团成员中有不少高三的学生，高考任务繁忙，但学生训练热情饱满，喜欢龙狮运动，每次社团负责人都会提前一天用微信联系研究者有关训练的事情，学生们在忙碌的学习之余，积极投入到训练中，最后展演时的精彩表现赢得全校几千师生的阵阵喝彩。这些展示展演活动在学校师生心中留下深刻的印象，让更多的人关注到板龙文化。（传承实践笔记-20181016）

为学生搭建展示平台，是学校开展体育非物质文化遗产传承实践中必须做的重要工作，学生参与这些运动，不仅学习到地方优秀传统文化，还要让他们获得成就感，让他们在学校师生、家长、观众面前有存在感，实现自我价值。

此外，还有利于培养学生学习传统文化的兴趣，促进其主动参与和探索传承民族传统文化。

（3）参观大田板龙传习所

民间传统文化的根源在于所属社区，为让社员们近距离了解与感受大田板龙的文化历史，与学校商量决定带社员们参观大田板龙传习所。

时间：2018年5月13日（星期日），14：00—17：00
地点：大田板龙传习所
事件：组织龙狮社学生参观大田板龙传习所

考虑到不耽搁学生的正常学习时间，与学生进行商量决定，周日下午提前到校，参观大田板龙传习所。

原本约定由文化站Lzz带领前往大田板龙传习所，但因其临时有事，要参加临海市文广新局一个重要会议而没能陪同，但后在Lzz的安排下，对大田板龙传习所进行参观。本次除研究者外，还有德育主任、团委副书记一起带队前往。

在传习所老师傅们的陪同下，参观了位于大田城隍庙的大田板龙传习所，传习所里陈列着龙头、龙身、龙尾，以及制作工具和原材料。老师傅们说的是台州方言（因为几位核心传承人年龄最小的已有71岁，不会说普通话，且用词多为地道的台州方言），研究者能基本听懂（因为研究者爱人为台州人），也有不懂的地方，特别是有些地方话表达的意思不是很清晰，Jls在旁边提示与翻译（Jls是台州人），这能够原汁原味地了解大田板龙的相关历史文化内涵，大致了解大田板龙的历史脉络、文化内涵、表演技巧、制作工艺。

社员基本为台州人，能听懂且会讲地方话，在老师傅们讲解时，对于不懂的地方及时用方言提问，交谈甚欢，整个行程下来一个多小时。学生们都说这次来传习所很感动，这么悠久的历史和精美技艺的文化，我们年轻人一定要好好学习，以后宣传推广，发扬光大。几位老师傅也很高兴，有这多的年轻人愿意学习大田板龙，使他们看到了板龙传承弘扬的希望，愿意全力支持学校的板龙传承工作。（传承实践笔记-20180513）

第六章　体育非物质文化遗产学校社团传承的实践

在参观结束后，研究者提出请求几位老艺人在城隍庙里带领学生感受一次模拟的"龙出宫仪式"，老师傅们欣然同意。换上表演服装，带领学生体验了整个板龙的仪式流程，考虑到学生的安全，未燃放炮仗。

体验大田城隍庙祭龙仪式

体验"龙出宫"（出城隍庙正门）

D师傅：大家好，大田板龙过去在整个大田地区都在舞，但是有几个村舞得最好，你们看，这是老龙，这是二龙，这是三龙，这一个是野蛟龙。

Gkj：师傅您好，请问为什么这样称呼这几条龙？

D师傅：按照大田街区来分，上街头是老龙，因为大田的龙是分地位的，就像我们的辈分一样，上街村的是老龙，街村是二龙，下街村是三

149

龙，大田刘村是野蛟龙。

W师傅：你们看，每个龙的龙头做法是一样的，但是有区别，你们看，老龙就是白的胡须，二龙的胡须是一半黑一半白的，三龙的胡须是全黑的，野蛟龙胡子是红色的。（传承实践笔记-20180513）

上街村"老龙"	横街村"二龙"
 下街村"三龙"	大田刘村"野蛟龙"

组织学生走进社区向民间艺人学习，参观大田板龙传习所，观看板龙的实物、结合老艺人们的精心讲解及亲身参与板龙祭龙仪式，让学生对大田板龙有了整体认识，加强学生对于地方传统文化的认同。

2. T学院功夫舞狮社活动

功夫舞狮社将所学到的黄沙狮子与缩山拳运用到展示展演、比赛和服务地方等活动中。

（1）参加比赛

①参加浙江省第二十九届戏剧小品大赛。

体育非物质文化遗产传统传承观念中的血缘化倾向根深蒂固，"继承"远大于"传承"，当前传承缺乏创新与自我挑战，特别是那些难度大、欣赏价值高的运动项目传承至今实属不易。但是这些节目表演给现在的观众时未必会获得太多的好评，传统表演节目是为了让观众长时间驻足欣赏，节目设计较为冗长。比如传统舞狮的表演动作中会有较多的重复动作，精彩动作分开设置，只为吸引观众继续观看。再加上传统表演套路设计的艺术性与结构性不强，多以纯粹肢体表演为主，让观众无法感受其表达意境，使得表演者和受众之间没有心灵上的沟通交流，无法有共同语言。

舞台展演作为一种传播媒介，以情景剧的形式，配以声音、画面、情景、故事、动作等。借助舞台来传播推广地方优秀体育非物质文化遗产，是一种创造，也是一种创新，改变了传统传承观念中对非物质文化遗产原封不动的继承模式，是体育非物质文化遗产满足现代社会人们对声、光、电等感官冲击的需求，是对体育非物质文化遗产当代传承的一种探索与尝试。通过观看现场舞台展演与网络视频资源，让更多的人了解与熟悉该项目，扩大影响广度与深度。

首先是对于本地传统体育文化了解与熟悉的人群。本地人观看本地文化，更能激荡心中那颗热爱地方文化的热情，找寻曾经的记忆，进而促进内心深处传承与推广的想法涌现。这些受众就是舞台剧的主要对象，也是对传统体育文化进行舞台剧创编的主要目的。

其次是热爱地方传统体育文化但却不了解的人群。这类受众对地方优秀传统文化有主动探寻的动机，他们想通过观看舞台剧展现的地方传统体育文化，获得自己内心的满足感。这类群体是传承与传播的潜在力量，通过观看舞台展演，促使其深入系统了解与学习，进而参与到传承与推广中，逐渐成熟为坚定的地方文化守护者与推广者。现代舞台展演可根据剧情发展需要，通过现场布景、电子大屏幕展示、灯光、音响等综合展现故事意境，让观众能够快速融入其中。通过演员在舞台上的动作表演、台词、文字、幕后解说等，可使在本地出生与成长但是不了解该项目，却热爱地方文化的群体收获颇丰，促使他们去实地考察与参与体验。

最后是外地游客和对该项目感兴趣的群体。文化是旅游的灵魂，是在游客记忆中留存最久的东西，是地方旅游开发的重要资源。作为地方活态文化重要载体的地方传统体育项目，融入地方传统文化精髓，是对地方历史与文化的直观诠释。但当前传统体育文化表演多以简单的技术展演呈现，大多数游客不能准确感受这些表演流程与仪式的真正涵义。舞台艺术展现的体育文化，通过台词、场景布置等多种现代电子设备，可以让观众在短时间内了解与认识该地传统文化，让观众收获的不仅仅是热闹感，通过剧情设计引发其深思，体验不同地域文化的魅力。

将优秀传统体育文化创编成舞台剧的思考由来已久。2018年7月10日，笔者接到临海市文化馆的电话，文化馆欲参加浙江省第29届戏剧小品大赛，比赛时间为2018年9月8日，故事主题为黄沙狮子，欲与学院功夫舞狮社进行合作，经过商谈，确定合作参加比赛。

小品剧本由Lgz负责，经过多次商议修改，考虑到黄沙狮子舞武一体的特点，建议将缩山拳融入到小品剧本中。剧情设计是：作为千年传承的黄沙狮子，在改革开放的大潮下，舞狮班成员纷纷选择经商赚钱，放弃跟随师父坚持习练舞狮，导致整个舞狮班老少加在一起还不到十人，连一场完整表演的人数都无法凑齐，然而依旧还有成员离开，整个舞狮传承出现严重危机，展现出师兄弟、师徒及师徒与外来收购狮头商人之间的矛盾及化解场面，体现非物质文化遗产传承与发展的重要性。

小品大赛参赛队员合影

第六章 体育非物质文化遗产学校社团传承的实践

小品大赛比赛现场

时间：2018年9月8日（星期六），18：30—22：00

地点：浙江省绍兴市西施大剧院

事件：参加浙江省第二十九届戏剧小品大赛

经过近两个月的练习磨合，今天终于迎来了比赛，早上7点从学校出发，经过两个多小时的车程，到达比赛地点。中午短暂休息后，在主办方规定时间进行了走场彩排，主要是熟悉场地。接下来就是为演员化妆。

比赛正式开始时间为晚上七点，本节目比赛时间安排在晚上七点四十。比赛时配上大型LED屏（平时练习时未有配置），研究者第一次现场感受经过小品故事改编展现黄沙狮子的震撼，完全不同于简单的技术展演，心灵为之触动，感触颇深，喧闹之余，给人深醒。

创新是当前体育非物质文化遗产传承弘扬的首要任务，当然是在不改变非物质文化遗产本真性与整体性的前提下，必须让观众喜欢，同时也要在观看后引起深醒，激发更多的人参与保护与传承，为传承注入更多的资源。

比赛过程中，观众多次响起热烈的掌声予以肯定，观看的领导、嘉宾、评委给予高度评价。比赛结束后，直接乘坐汽车回学校。在回程的车上，与队员们就本次的活动进行了交谈。

Xy：我们是演员了，头一次在这么正式的舞台比赛，虽然很紧张，

153

但是很兴奋，我们可是代表台州市参加比赛，那么多观众给我们鼓掌，厉害呢。

Ljf：虽然这次我狮子动作不是特别多，但是经过这么长时间与所有演员磨合，要踩准音乐，一点都不能有差，排练的时候的确好枯燥，但是今天效果很好，我觉得我狮头舞得贼帅。

Jzk：我通过这次比赛，懂了周星驰电影里说的"你的表演太浮夸"，见证了一个演员的养成。

F老师：同学们这次表现得很好，虽然你们也参加过很多体育比赛，但是这种正规的舞台表演还是头一次，我也是。动作不像比赛那样快速紧凑，但是每个动作要和整台戏相配合，你的表情、你的动作都是为这个故事主题服务的。通过参与排练，很累，但很有价值，我想这是我们队以后需要专注的一块。（传承实践笔记-20180908）

对于体育非物质文化遗产的传承，归根结底就是要改变人心、重塑中华优秀礼仪德行体系，考虑的不仅是传统文化形式的保留与传承，重要的是要把蕴藏的精神、信念、理想传承给后人。所以通过现代舞台艺术给观众带来感官冲击，在社会主义核心价值观引领下，考虑受众生活习惯与文化营养所需，作品展演充实大众精神文化生活，进而成为受众日常生活的有机组成部分，让每一个参与者将其看做是一个在艺术化的生活实践中寻找自我和回归自我的过程[1]。

②参加舞狮、武术锦标赛。

2018年5月，参加了由省教育厅、省体育局主办的2018年浙江省大学生武术锦标赛。校武术队参加了体育专业组（丙组）和公体组（甲组）比赛的角逐，最终勇夺3个冠军、3个亚军和7个季军的优异成绩，并因此分获丙组团体总分第三名和甲组男子团体总分第四名。体育学院Pxx顶住压力，夺得专业组传统拳术桂冠，比赛展示的拳种即缩山拳。

[1]王霄冰.从《祭孔乐舞》看"非遗"的舞台表演及其本真性[J].民族艺术，2014（4）：134-139.

第六章　体育非物质文化遗产学校社团传承的实践

时间：2018年5月2日—5日

地点：浙江省农林大学

事件：参加2018年浙江省大学生武术锦标赛

本次省武术锦标赛顺利闭幕，校武术队成员收获颇丰，在高手如云的赛场上能斩获3枚金牌，实属不易。除了奖牌的收获，学生在与同行同台竞赛与交流中，也有很多感触。

Lj：我比赛下来后，有几个人过来和我交流，问我的大刀是怎么练的，他们几个都是从小学传统拳的。和他们交流很有意思，边说边上手，比划起来。特别是那个练八极拳的，动作好帅，我也想学。

Swr：传统拳这边的比赛真的很有看头，那么多的拳和兵器，我以前都没有见过，感觉他们发劲很猛。

Hmt：我也和好几个人加了微信，多和人交流挺好的，和他们聊聊，感觉挺有意思，也学到了很多。（传承实践笔记-20180505）

舞狮队参加了2018年10月在江苏溧阳由国家体育总局主办的"国缘杯"2018年全国舞龙舞狮锦标赛，荣获北狮成年组竞速项目第三名、自选项目第五名。其中自选套路"天地双狮"故事改编自黄沙狮子的神话传说，比赛时配上的画外音[1]进行介绍，引狮员引狮道具选用黄沙狮子引狮所用的绳球（比赛时，检查裁判开始认为绳球不规范，需改为狮球，后向裁判长汇报，黄沙狮子表演道具就是绳球，经过裁判员讨论，决定允许用绳球参加比赛，不改变这一国家级非物质文化遗产的精髓），引狮员动作也将黄沙狮子跳桌技巧融入其中，舞狮动作也多有吸收融合。

---

[1]自选套路"天地双狮"画外音："天地双狮"套路，取材于首批国家级非物质文化遗产"黄沙狮子"的神话故事。天狮是王母娘娘的座驾。一天，聪明顽皮的天狮偷偷溜到人间玩耍，遇到一个善良的牧童，成为了好朋友。他们在山间快乐地嬉戏时，天狮不小心被毒刺刺伤，疼痛难忍。牧童为救天狮，冒险到大雷山的悬崖峭壁上采摘灵药。经历千辛万苦，牧童终于采到了灵药，他开心地向天狮挥舞手中的药，却惊醒了看守灵药的地狮。凶猛的地狮扑上前来撕咬牧童，要抢回灵药。危急时刻，天狮拖着伤腿拼死相助，牧童趁机给天狮服下灵药，天狮的伤痊愈了。最后，天狮与牧童合力降服地狮，"天地双狮"与牧童成为好朋友，快乐地生活。

全国龙狮锦标赛现场之"天地双狮"

浙江省大学武术锦标赛

时间：2018年10月11日—13日
地点：江苏省溧阳市
事件：参加2018年全国龙狮锦标赛

本次比赛是这批舞狮队员在全国大赛中的首次亮相，队员均为大二学生，经过了近两年的舞狮学习，参加过校内外多次展演。接到国家体育总局龙狮运动协会的比赛通知时间是8月初，学生已放暑假回家，为加强训练，决定立即开始赛前集训。每天两次训练，高温中训练，需披戴厚厚的狮皮，队员咬牙坚持下来。能在龙狮最高级别比赛中获奖，大家非常开心，同时通过比赛，发现优势与不足。

Tt：头一次参加全国比赛，见世面了，好多高手，以前在网上看过他们的比赛视频，现在是现场看到，还和他们一起比，有压力。

Zjf：我觉得我们的套路编排还是很好的，是一个完整的故事，而且还是国家级项目的神话故事，有档次。但是我们体力还是不够，后半套体力下降，动作也有变形，回去得好好练细节，加强体能训练。

Ljf：就是，不光是体力，狮子的小动作要加强。

Jzk：还有我们引狮员的空翻太少了，你看人家的，各种空翻，好高好飘。（传承实践笔记-20181013）

比赛是对学生技术的综合测验，最终成绩取决于运动员在表演中的运动表现、对手在比赛中的表现、比赛结果的评定行为等方面。参加比赛不仅是为取得好的名次，也是对于这些传统项目推广宣传的极好契机，通过与同行之间的交流切磋，向外推广的同时，也是对项目认识理解的提升过程；通过向裁判、媒体、观众等展示这些传统体育文化，以及借助现代信息化技术，快速在朋友圈及电视、网站、报纸等媒介宣传，推广传播快且范围广。另外通过比赛，让学生发现自我不足，进而加以改善。

（2）参观黄沙狮子传习所

非物质文化遗产是以传承人开展传习活动为主要特征，传习所是优秀非物质文化遗产的重要承载场所和传承平台。根据《浙江省非物质文化遗产保护条例》和浙江省、台州市、临海市政府有关加强非物质文化遗产保护工作有关精神的要求，为有效保护和传承非物质文化遗产，鼓励和支持优秀非物质文化遗产项目代表性传承人开展传习活动。经市非物质文化遗产保护中心推荐、专家组评审，于2008年4月31日确定"黄沙狮子传习所"为第一批临海市非物质文化遗产传习所。民间传统文化的根源在于社区，为让社员们近距离了解与感受黄沙狮子的文化历史，向学校申请带社员们参观黄沙狮子传习所。

学校对于传承开展给予大力支持，同意组织学生外出参观黄沙狮子传习所，并指派体育学院武术课程组组长F老师担任领队，但是必须向学校相关部门申报，获批后方可外出。研究者向学校保卫处递交"外出审批申请单"，经讨论后予以批准，与市客运中心联系外出车辆。最后与黄沙狮子传习所负责人商定，参观时间定为2018年5月19日上午8：30。

时间：2018年5月19日（星期六），8：20—10：30
地点：台州市白水洋镇上游村
事件：参观黄沙狮子传习所

早上七点社员准时出发，到达黄沙狮子传习所的时间为八点十分左右，传习所负责人W师傅带领黄沙狮子的几位核心成员及年轻的小队员在传习所门前等候研究者一行到来。传习所地址为白水洋镇上游村文化广场，上游村位于黄沙洋地区东南方向。W师傅介绍说上游村地理面积约0.5平方公里，现全村共642户，2158人，耕地1480亩，山林3600亩。经济作物主要为杨梅、台州蜜桔，主打非物质文化遗产文化，黄沙花鼓、黄沙乱弹、黄沙秧歌棒、黄沙狮子，黄沙织带在台州地区具有较大影响力，均为市级以上非物质文化遗产。

黄沙狮子以其"高、难、险、美"深受地方大众欢迎，在该村非物质文化遗产文化中影响最大，故而黄沙狮舞文化作为上游村的主打品牌，村训为"党建引领争上游，狮舞黄沙杨梅红"。村委办公楼1楼为黄沙狮子博物馆，展览陈列黄沙狮子器材、表演与技术动作图片，同时设有"狮子堂"，主要用于拜师仪式与文化交流。

上游村村民多以"王、宋、冯、罗"几个姓氏为主，黄沙狮子起源于北宋，历史悠久，但是一直以民间流传的形式存在，传承人为当地农民，文化学习较少，以"口传心授"的形式传承，故而文字记载较少。在20世纪80年代，台州市文化部门与地方政府为挽救这一文化瑰宝而组织村民重建舞狮队伍。2006年为申报国家级非物质文化遗产，对黄沙狮子的传承谱系进行调查，结果只能根据当时健在的黄沙狮子老艺人的回忆进行整理，能确切知道名字与表演角色的只能追溯到1880年，所以才把这一代作为上游村的第一代传承人。传承至今，第七代传承人中，Wj、Wyj、Lsw、Fyh是黄沙狮子艺术团的中坚力量，Wj为黄沙狮子省级代表性传承人、黄沙狮子艺术团团长，Wyj为上游村村委副书记，Lew、Fyh为高塔顶倒立与走桌脚表演者。

为了保证黄沙狮子可持续传承，2015年黄沙狮子传习所招收该地区黄沙狮舞爱好者训练，每周五、周六晚上六点半准时在上游村文化广场进行，每次训练时间为2小时。经过近三年时间的坚持，近二十名该村小学与初中学生加入黄沙狮子传习所传承学习，当前黄沙狮子传习所成员最小只有9岁，能基本完成跳单桌表演，由于表演对身体素质和个人胆识有很高要求，能上场表演的学员主要为初高中学龄段，表演技术为地上舞狮与跳单桌。由于Wj等人的坚守与热爱，上游村黄沙狮子传承之火得以延续，也是目前黄沙洋地区唯一一个存在的黄沙狮舞表演团体。

参观黄沙狮子展览厅结束后，社员们与传习所学员们一起练习近一个小时，相互交流学习。（传承实践笔记-20180519）

黄沙狮子展示厅 　　　　　　　　　　　　上游村宣传口号

黄沙狮子"狮子堂"

上游村黄沙狮子生命虽然得以延绵，但也存在较多问题。首先，第七代传承人作为当前重要表演的主要成员，均出生于20世纪70年代初，年龄超过45周岁，对于以"高、难、险"来征服观众的黄沙狮舞，年龄偏大是硬伤。但是由于当前年轻队员刚刚学成，其技术、经验、胆量皆要进一步加强，所以重要场合表演中的高塔顶端倒立、走桌脚等危险动作，依旧由老队员完成，存在明显的断层。

其次，黄沙洋地区在政府的大力支持与引领下，大力发展杨梅、蜜桔等经济作物，以及开办工厂等，过去贫穷的黄沙洋早已踏入小康，以前通过学习舞狮改善生活的初衷不复存在，所以如何吸引更多的人参与黄沙狮子学习，这是一个非常现实的难题。再次，第八代传承人主要为儿童青少年，浙江经济发达，基础教育先进，青少年辍学情况在该地区几乎没有，所以新一代传承人的主要精力为文化学习，只有在周末晚上才能抽空参与训练；同时由于他们在不同学校，当需要外出展演时，集中队伍也存在较大困难，需要协调各个学校相关领导，费尽周折。

最后，当前黄沙狮子传习所面临着刚刚将队员调教到较好水平时，队员外出上学或做生意，不能坚持参与训练与表演的问题，导致黄沙狮子艺术团负责人在准备安排人员外出表演时常显得捉襟见肘。这些问题其实也是地方文化部门担心之处，故而极力支持黄沙狮子在学院开展传承，就是要确保年轻传承群体的可延续性。

通过参观黄沙狮子传习所、观看黄沙狮子的实物、结合艺人们的精心讲解，让学生对黄沙狮子的了解与认知有了质的飞跃，"体验"对于传统文化的传承至关重要。所以在学校开展体育非物质文化遗产传承实践中，需要多设计让学生体验的活动。但是在实际操作中，也有很多困难，主要是学校考虑到安全因素，一般较难批准学生集体外出，需要学校领导和地方教育部门的大力支持。

（3）参加"国家级非物质文化遗产——黄沙狮子进校园展演"活动

参与黄沙狮子传承学习的学生参加了2017年12月10日在学院举行的"国家级非物质文化遗产——黄沙狮子进校园展演"活动。本次展演活动是在第一次接洽会时就已确定，表演时间为周日。原本考虑到非物质文化遗产进校园的影响力，研究者提议将展演活动放在周四下午（因为周四下午为学校教职工会议时间，学生不上课），可以让更多的学生现场欣赏到黄沙狮子，但是黄沙狮子艺术团队员有部分人为在校学生，平时学业任务重，只能安排在周末进行展演。

"黄沙狮子进校园"展演现场一

"黄沙狮子进校园"展演现场二

时间：2017年12月10日（星期日），13：00—14：30
地点：T学院风雨篮球场
事件：参加黄沙狮子进校园展演活动
展演时间最后确定为下午1点，理由为，第一周末为学生休息时间，安排在早上8点，前来参观的人数可能不是很多，影响非物质文化遗产进校园展演的效果；第二，气温较低，最低气温连续几天为0℃或1℃，早上8点气温较低，黄沙狮子的各种跳桌及高塔上的难度较大，天气寒冷不利于完成，也害怕运动伤害事故的发生；第三，因白水洋黄沙狮子传习所来参加展演的成员大多为在校学生，周日下午5点得返校。

本次完成地面跳桌的基本是黄沙狮子传习所学员，其中学院功夫舞狮队的Lxx与Jzk也加入到跳桌表演中。Jzk完成了过堂、下巴点、桌上筋斗、桌角头点、硬腰；Lxx完成了过堂、下巴点、桌上筋斗、桌角头点、硬腰、桌角硬腰、锁后、双八仙过堂、乌鸦插井、钻圈。

Lxx在学习黄沙狮子的过程中，学习的速度与质量均很好。在表演前，研究者与Wj商议，能否将他们两个放在队伍里一起进行表演，Wj对这两位学生也很喜欢，每次练习的时候都是叫Lxx过来第一个做动作，因为研究者考虑到学院领导和非物质文化遗产中心领导都来观看，是展示非物质文化遗产校园传承效果的最佳汇报时机，Wj同意。

这两名学生是第一次将刚刚学会的动作在这么多观众面前进行表演，开始他们得知要表演时，表示害怕，觉得自己技术还不够熟练，研究者和舞狮队全体成员一起鼓励他们展现近期学习的成果，要他们放松表演。在表演开始后，Jzk的动作表现不错，但是有不少动作不成熟，所以叫他量力而行；Lxx在做前3个动作时，完成的动作质量不如平时，队员们在他完成动作后就大声加油，同时一起向他伸出大拇指。所以在后面做动作时，他放松许多，也体会到成功的喜悦，动作越来越优美。

在做"乌鸦插井"动作时，练习的时候最多在桌上叠两个人，今天表演的时候，Sls老师不断调动观众的激情，要场外的观众参与进来，从一个逐渐叠加到四个，Lxx都完美得完成，而且动作是里面最好看的。最后一个"钻圈"，还没有学习过，他也尝试去完成，钻圈很顺利，但是最后脚后跟抬得稍高，将圈踢掉。（传承实践笔记-20171210）

让学生多参加展演，是对学生学习成果的检验，也是对学生的肯定。在展演活动中，学生作为项目传承人，能体会到成功的喜悦，进而在潜移默化中成为项目传承者与坚守者。通过参与展演，对于培养学生个人胆识尤为有效。

第六章 体育非物质文化遗产学校社团传承的实践

"我现在是老队员了，表演那么多次，老师您放心，绝对不会给你丢脸的。"
"第一次表演的确好紧张，生怕忘记动作，表演前还在背套路。现在都是老油条了，越是人多越兴奋。"

本次表演吸引了较多观众，除在校学生外，还有不少家长带着小孩一起来观看，因为在一个星期前就将黄沙狮子来校展演的消息进行了网络宣传。

研究者：您好，今天周末，请问您为什么选择带家人来观看黄沙狮子表演？

家长：黄沙狮子现场表演我已经很久没有看见过了，在我小的时候，过年在崇和门有看到过，当时觉得这些舞狮的人好厉害，很崇拜，看完回去后，我和朋友们用自家八仙桌也练习过，我还会好几个跳桌的动作呢（他开心地笑着说）；不过今天看到的黄沙狮子和我小时候记忆中的有不少差距，还是以前的动作多、难度更大，我记得开始表演的部分还要了一段武术，最高桌子上还有惊险好看的动作，今天也没有看见，有些遗憾；不过已经很好了，还能看见这么好的东西，已经很幸运了，这些小年轻挺厉害的，希望这个项目越来越好。今天周末，前几天在朋友圈里看见了今天有表演，就想来看看，顺便带上孩子，让他也近距离接触我们台州的传统文化。

研究者：小朋友，你好，请问今年几岁了？

小男孩：叔叔您好，我12岁了。

研究者：你觉得这个黄沙狮子好看吗？

小男孩：很好看，他们好厉害，在那么高的桌子上面做倒立，好帅。不过最上面的动作感觉还是很危险，但是舞狮子和地上那张桌子上的动作，我觉得还是敢去试试。（传承实践笔记-20171210）

随着社会快速变迁，大众生活方式发生巨变，可供选择的娱乐休闲活动极为丰富，所以这些优秀传统体育文化就要走出去，多露面，不能再抱有"酒香不怕巷子深"的想法，只有更多的人关注与参与，方可发扬光大，否则深藏民间的结果只有消亡。

（三）社团建设的保障措施

学校社团开展体育非物质文化遗产传承，需要深度协同学校传承相关利益主体，整合学校资源、社会资源、政府资源、家庭资源，为实现共同的传承目标，各参与主体之间要做到资源共享与协调、信息互通互享，并积极主动在文化、技术、人才等方面进行全方位交流，取长补短、优点借鉴，打破主体间的壁垒，获得外部效应，形成整体传承效能大于各要素功能简单的叠加。

1. 组建学校传承小组

（1）D中学成立"D中学板龙传承小组"

为保证学校社团板龙传承的深度与广度，D中学决定成立大田板龙传承小组，公开招选与指定结合，考虑到学校开展传承的实际需要，最后确定传承小组人员构成。D中学板龙传承小组成员包括临海市非物质文化遗产保护中心Zzr，临海市非物质文化遗产协会Shz，大田街道文化站Lzz，大田板龙代表性传承人Dsf，大田板龙制作主要艺人Wsf，大田板龙剪纸代表性传承人Zsf，D中学校长Wxz，D中学副校长Lxz，D中学德育处主任Hls，D中学团委副书记Jls，团委Yls、Nls，体育、音乐、美术、历史、语文等学科教师各一名，以及研究者。

为尽快实施传承，研究者与Wxz经过沟通交流，决定由校方出面，邀请小组成员进行大田板龙校园传承的专题会议，经过校办与小组成员沟通，最终确定会议召开时间。第一次传承小组会议，会议地点为D中学会议室，会议由Wxz主持，D中学板龙传承小组成员均参加此次会议。首先由研究者向小组成员汇报关于板龙进校园的基本构想与计划，包括社团训练、校本教材编写、板龙器材制作、传承活动开展形式等方方面面。然后Wzx说明学校大田板龙传承目的是弘扬台州优秀传统文化，培养学生民族文化情结，促进学生身体素质与心理健康。于是小组成员就大田板龙进校园传承进行讨论，与会人员从各自的角度对板龙进校园传承阐述观点，其中也伴随激烈辩论与探讨。最终小组讨论决定：学校大田板龙传承定位为"丰富校园文化，促进学生身心健康发展，传承台州优秀传统文化,培育学生民族文化认同"。

通过总结此次传承小组会议内容,研究者在查阅文献资料与请教相关领域专家的基础上,初步制定出学校传承目标,递交传承小组成员,收回各自修改意见和建议后,最终制定出D中学传承大田板龙的目标:

①在D中学龙狮社开展大田板龙传承,通过学习,掌握大田板龙舞龙的基本技术动作、表演套路流程、文化内涵、德行礼仪;了解与初步掌握板龙制作技艺,包括龙头制作、龙尾制作、龙身制作、剪纸技艺,以及木工、竹工、剪纸、雕刻、缝纫的基本手法与技巧。

②D中学龙狮社参加校运动会开幕式表演、校迎新晚会、校元旦文艺汇演、及学校其他重要活动的表演;与大田社区、临海市、台州市政府部门争取合作,参加地方重要节庆文化活动。

③在校本课程建设方面。购买板龙制作所需的木板、毛竹、彩纸、尼龙布等材料,聘请大田板龙核心艺人制作两条板龙。制作板龙制作与表演的教学视频。组织小组成员、聘请专家编写《大田板龙》校本教材。

④采用"走出去、请进来"的方式,积极与其他学校进行文化交流活动;经常邀请相关领域专家学者、民间老艺人来校开展大田板龙与台州传统文化的讲座;举办学校板龙比赛;参加地区教育部门组织的校园文化大赛、校园文化展演活动,参加各级各类的舞龙比赛。通过交流与比赛,宣传大田板龙与台州传统文化,同时在交流比赛中学习,促进自身成长。

⑤学生通过参与传承,提升保护传承兴趣与主动参与意识,培养民族文化的认同与文化自信。传承参与教师学会对地方优秀传统文化的挖掘整理;科学合理地选择适合本校学生学习的动作技术与文化,并进行改造与创新,立德树人;组织学生参加学校、社区重要文化活动的表演套路编排;根据本校学生身心、年龄等特征,设计适合本校开展的传承活动方式;围绕学校传承,进行大田板龙的理论与实践研究。

(2) T学院成立"台州体育非物质文化遗产研究与推广中心"

T学院进行体育非物质文化遗产传承实践过程中,在组建学校传承小组时,在向学院领导与相关专家汇报后,决定将传承小组进行规格提升,成立"台州体育非物质文化遗产研究与推广中心"。中心成员有T学院体育学院

Zyz、副院长Lyz，体育学院武术课程组，艺术学院副院长Cyz，人文学院教授Zls，课程与教学论方向教师Zls，台州市非物质文化遗产保护中心Lzr，临海市非物质文化遗产保护中心Zzr，临海市非物质文化遗产协会Shz，黄沙狮子代表性传承人Wsf，缩山拳代表性传承人Msf，研究者等[1]。

  T学院成立"台州体育非物质文化遗产传承与推广中心"后，为明确学校传承开展的目标，指导传承工作，召开了集体会议，经过会议讨论，决定将T学院传承台州优秀体育非物质文化遗产定位为深入系统挖掘整理台州地区优秀传统体育文化，形成文字、图片、录像、录音等资料；对台州地区具有代表性的体育非物质文化遗产进行创造性转化与创新性发展，积极与社区、学校、教育部门、体育部门、文化旅游部门深度合作，传承与推广台州体育非物质文化遗产。"传承与推广中心"的具体目标为：

  ①深入挖掘整理与研究台州民间优秀体育文化。组织人力、物力挖掘整理台州地区的优秀民间体育文化。对体育文化的历史脉络、技术动作、仪式、文化寓意进行全面深入的研究，整理成文字与录像资料。对所挖掘整理的资料建立专门的资料库，分类保存，方便中心研究人员查阅与相关爱好者的学习。全面调查台州市地方特色体育文化，挖掘整理各项目的历史文化与技术动作源流，出版台州地方体育文化研究专著，申报理论与应用型科研课题。

  ②组织各级培训。联合市体育、文化旅游部门、教育部门、项目传承人，开设各种台州民间体育文化培训，对中小学体育教师、地方体育项目爱好者、项目准传承人等进行文化、技术、信息化理论与操作、相关法律法规、权利与义务的培训，培养出一批具有高水平理论与实践的队伍。

  ③开展传承与推广实践。为有意向开展传统体育进校园的学校提供理论与技术支持，与开展学校一起进行校本教材编写、校园特色文化建设、任课教师专业培训，并在初期派出教师和专业水平强的学生参与校园传承实践指导工作。与社区合作，对体育非物质文化遗产进行改编，以创编操舞形式，为社区体育文化活动提供素材，并派出专人指导操舞学习；为社区活动提供传统体育

---

[1] 注：中心决定根据研究与推广的进一步需要，将再邀请本校相关领域教师、体育非物质文化遗代表性传承人、中小学教师、地方相关部门人员、国内相关领域专家学者加入到本中心，满足理论、技术、一线实践教学与推广所需。

表演服务，以及指导社区传统体育传承实践的开展。与地方文化部门、文化公司合作，创编体现台州府城文化特色的大型舞台剧。

④信息化传承与推广平台建设。建立专门的网站、微信公众平台、手机APP等及时将挖掘整理的民间体育文化的文字、录像资料与公众分享；制作技术动作的教学视频，方便爱好者在线上学习；利用直播平台，邀请相关专家或传承人定期通过直播形式与爱好者进行交流，答疑解惑。

⑤对外交流与传播。积极参与国内国际各种体育文化研究的会议与论坛，邀请国内外相关领域的知名专家来台州讲学，学习国内外的先进经验；积极传播与推广台州体育文化，与地方文化旅游部门合作，组织台州地方体育文化团，宣传台州地方特色体育文化。

2. 传承的准备情况

（1）两所学校为传承准备的场地器材情况

在学校领导及地方文化部门的鼎力支持下，传承所需的场地器材能够基本满足需求。具体情况如下。

D中学制作板龙两条（每条均为十五段）；完成大田板龙教学片制作；板龙龙头、龙尾各一个，龙身6段；准备板龙制作所需原材料，如松木、毛竹、彩纸等；制作板龙的工具，木工用的锯、凿子、刨刀、斧头，竹工用的刀，刻纸用的刻刀；面积约200平米的房间作为板龙展示厅，用于展放板龙及制作板龙；室内球馆。

T学院为开展传承定做了黄沙狮子表演专用桌16张；购买了狮子12只；购买了黄沙狮子武术表演与缩山拳学习所需的刀、棍、剑、红缨枪；武术馆与一片风雨篮球场作为传承学习专用场地。

（2）制作大田板龙器材与教学视频

大田板龙从被列入浙江省第二批省级非物质文化遗产名录以来（2007年6月5日公布），地方文化部门就将录制大田板龙教学视频列入其保护规划中，但由于诸多原因，却一直搁浅。但是随着核心民间艺人渐渐老去，抢救性保护传承迫在眉睫，特别是对大田板龙的舞龙与制作工艺进行视频制作，以供后人参考学习，这是大田板龙当前工作重点之一。所以研究者提出要拍摄大田板龙教学视频的想法后，大田文化站与D中学都极力赞成，且马上列为工作重点。

2018年1月上旬，应学校请求，大田街道文化站Lzz组织板龙传承核心艺人来校商谈板龙制作事宜，最后确定由D中学出资购买原材料，大田文化站负责制作艺人的劳务费。所有材料由板龙传承艺人们购买齐全，于2018年3月中旬开始板龙制作，由5名师傅组成制作团队。

在制作期间，学校为录制板龙制作教学录像，原定由学校电教室教师利用学校的录像机进行录像并制作，但是初步试行后效果不甚理想，遂欲聘请专业摄影师拍摄制作，考虑到学校经费有限，经商议后上报市非物质文化遗产中心，非物质文化遗产中心答应承担摄制费用。最后经过近一个多月的努力，于四月底完成，老艺人们制作了两条板龙，摄制团队制作了大田板龙宣传片和龙头、龙尾、龙身、剪纸等教学片。在制作教学视频期间，对几位老艺人进行了访谈。

"我从十多岁开始就跟师父学习舞龙、扎龙，一直很喜欢这个龙灯，其实以前也有过几次电视台采访，也拍了录像，那时候就是觉得很自豪，拍的都是宣传片，我们不用讲太多，舞起来、扎起来就好，别人会配音，不用我们管。但是这一次感觉就完全不同了，我需要讲出来，这个动作怎么做，到底为什么要这样做，这些材料怎么处理，这个孔怎么打，这根竹条该怎么弯，需要我讲清楚，不然别人不知道怎么舞龙，怎么扎龙。因为我把这些讲清楚了，别人想学，才能学得会，大田板龙灯才能传下去。"

（20180411ft-大田板龙传承人D师傅）

"我的这个刻纸技术，这是头一次真正地向别人讲技术，以前有人采访的时候，我们就是摆摆动作，让人家拍几张照片就好了。我现在虽然年纪大了，眼睛还能看得见，我想趁这个机会，把我懂的东西都一样样地记录下来，我要将刻纸的技术全部传下去，让有想学习刻纸的人知道怎么来进行刻纸，这些工具该怎么用。面对摄像机，我还是有些紧张的，但是我很开心，我的东西可以留给后人。"（20180411ft-大田板龙刻纸艺人Z师傅）

第六章　体育非物质文化遗产学校社团传承的实践

"大田板龙"教学片

2018年4月18日下午，临海市非物质文化遗产保护中心Zzr在大田街道文化站Lzz的陪同下来校指导板龙传承工作。D中学Wxz向Zzr一行介绍了学校在传统文化教育及非物质文化遗产传承方面的不懈努力与探索。学校副校长、德育处主任、团委副书记等陪同参观。

时间：2018年4月18日（星期三），14∶00—15∶30

地点：D中学大田板龙展示厅

事件：迎接市非物质文化遗产中心来校指导大田板龙传承工作

市非遗中心Zzr一行兴致勃勃地参观了学校的"大田板龙"制作现场，对D中学高度重视传统文化传承非常赞赏，大家纷纷拿出手机记录下这一珍贵的画面。Zzr表示，"大田板龙"作为省级非物质文化遗产，需要全社会尤其是青少年学生不断继承和发扬，D中学将非物质文化遗产项目引进校园的举措正是保护非物质文化遗产最有力的行动。

Wxz惊叹于老艺人们的匠人精神，真心感谢各位前辈对学子毫无保留地传授与关爱；感谢临海市非物质文化遗产保护中心及大田文化站对D中学"非物质文化遗产进校园"活动的关心与支持；勉励在场的同学们要在党的十九大精神号召下，自觉学习匠人精神，吸纳传统文化精华，建立文化自信。（传承实践笔记-20180418）

将老艺人们头脑中的记忆转化为现实的影音资料尤为重要，而且在学校传承中，这些教学资料是学校长期开展的重要保障之一，也是确保其文化传承的整体性与本真性。

（3）创编黄沙狮子广播操

抽取体育非物质文化遗产项目中的代表性动作来创编广播操，最后呈现出来的看似简单，其实个中环节需要相关人员深入研究，通过多次交流研讨、试做等逐步成型，实为项目精华。广播操的创编对于项目推广尤为实用，要让更多的青少年了解这些优秀传统文化，不能仅限社团活动，而且要在大课操时段进行，学校要丰富学生的活动内容，且能传承地方优秀文化。

瑞狮戏宝（体转运动）　　　　　狮子吞人（腹背运动）

时间：2017年11月17日（星期五），8：30—10：00
地点：T学院体育学院会议室
事件：商讨创编黄沙狮子广播操

将黄沙狮子技术动作创编为广播操，是黄沙狮子传承人和市非物质文化遗产中心在洽谈双方合作时提出的请求，希望借助学院教师的专业特长，创编适合青少年练习的舞狮广播操，对黄沙狮子进行普及与推广。

黄沙狮子传承人Wj：这个广播操创编是我们一直想做的，我们想将黄沙狮子在白水洋地区推广，就想先搞一套操让他们学校课间操的时候学习，起到普及效果。但是我们不会编，这次和你们几位专家一起来编这套操，我很激动。

T学院音乐系Cls："骨牌九锣鼓乐"是台州传统鼓乐的优秀代表，它本身就是市级非遗，把它作为广播操背景音乐很有意义，但是传统的鼓点如何来配合这些动作节奏，需要W师傅的指导。

T学院体育学院体操专项课教师Sls：编一套广播操对于我们来说不难。但是要编这个黄沙狮子的广播操，需要花心思，哪一节放什么动作，而且一套操需要将黄沙狮子典型动作表现出来，有难度。也是需要大家共同努力。（传承实践笔记-20171107）

经过中心人员多次商讨，不断修改完善，经过"试做→分析调整→试做+访谈→分析调整→定型"，完成了对黄沙狮舞广播操的创编，并将舞狮操作为社员入门学习的内容之一。黄沙狮舞广播操创编遵循以下原则。

①坚持本真性原则，突出黄沙狮子"武舞一体"的特点。

取黄沙狮舞常用武术、舞狮基本动作作为广播体操的基本元素，体现出武术技法，同时兼顾舞狮特点。在整套广播体操中穿插武术常用的弓步、马步、仆步、独立步、虚步、插步、并步，手型包括拳、掌、勾、爪，手法有推掌、冲拳、推爪，腿法有蹬腿、踢腿等；舞狮技法的原地与旋转跳跃、咬尾、旋转，狮头表现出的嬉戏、观望等。如第五节"瑞狮戏宝"表现了武术的虚步、弓步、推掌动作，第六节"狮舞四角"融入了金鸡独立和仆步的动作。

②整体演绎黄沙狮舞。

非物质文化遗产传承的重要原则就是要坚持整体性。在对该套广播体操创编时，首先考虑的就是整套广播体操能完整地展现黄沙狮舞的精髓，要让学生通过练习该套广播体操基本了解黄沙狮舞的概貌；其次就是将黄沙狮舞表演套路中的特色动作予以体现。将狮子从出洞游玩，到经历千难万险后登上高山之巅，征服一切，最后欢快归洞的整个场景予以演绎。

全套动作名称：瑞狮出洞（颈部运动）→礼拜宾朋（伸展运动）→瞭望寻路（开合运动）→瑞狮蹬山（踢腿运动）→瑞狮戏宝（体转运动）→狮舞四角（体侧运动）→狮子吞人（腹背运动）→飞跃山涧（跳跃运动）→瑞狮归山（整理运动）。各节动作尽量展现黄沙狮舞的精髓，如"瑞狮戏宝"表现的是黄沙狮舞中的经典动作"绞子"，引狮员用绳球在狮子身后戏耍狮子，狮子回身咬球的动作；"狮子吞人"参考黄沙狮舞在高台上表演的"狮子吞人"动作，该动作为黄沙狮舞中独有的动作，表现出狮子吞人过程中的咬、吞、吐等形态。

③文武并重，身心并健。

"文"是指继承民族文化和弘扬民族精神，"武"是保持黄沙狮舞"武舞一体"的精髓，在整套广播体操中，将二者有机融合。注重传统武术与舞狮的礼仪对青少年的熏陶与培育。广播体操将"礼"贯穿于始终，在开始和结束部分都行武术抱拳礼，还将舞狮拜见观众礼节作为专门一节（第二节"礼拜宾朋"），以期通过长期练习该套舞狮体操培育青少年学生，且注重健身功效。

当前我国青少年身体素质整体呈下降趋势已是不争之事实，所以在广播体操动作技术设计时，始终考虑到如何促进青少年的身体健康。体操融合了各种跳跃、屈伸、旋转、支撑等动作，如"瞭望寻路"包含下肢的马步、插步、并步和上肢的上举、前推等，主要锻炼臀部、大腿、小腿、手臂肌肉群的力量，活动肩关节、髋关节、膝关节；"瑞狮蹬山"编排了踢腿和单腿支撑旋转360°，主要锻炼髂腰肌、腹部、臀部、腿部、上肢肌肉力量，活动肩关节、髋关节、膝关节、踝关节，增强身体控制能力和平衡性，以及上下肢协调性。

④运用地方传统鼓乐。

基于非物质文化遗产传承的整体性原则，舞狮音乐是狮舞表演的重要组成部分，故"黄沙狮子"广播体操配乐选择能够体现地方狮子锣鼓特色的"骨牌九锣鼓乐"，从而使青少年完整学习与了解黄沙狮子全貌，传承地方传统音乐。广播体操每节操配乐详情为：板凳四→三五八→元宝五→三六九→快三五八→二五七→蛤蟆六→三六九→板凳四。"板凳四"节奏稍微缓慢，可表现出第一节"瑞狮出洞"的渐渐清醒与最后一节"瑞狮归洞"的放松舒缓；"三六九"节奏快、急促，音量较重，可表现出"瑞狮登山"时狮子欲马上征服悬崖峭壁的急躁心情和"飞跃山涧"后喜悦欢快的调皮；其他几个曲调节奏中速，根据狮子在不同的场景需要予以搭配。

⑤符合广播体操的基本规律。

黄沙狮子广播体操编排遵循广播体操的科学性、普适性、健身性、针对性、愉悦性的特征，设计的动作简单大方、易学、好看、好教等。整套操为9节，前8节每节4个八拍，最后一节"整理运动"为2个八拍，全套共272拍，用时4分18秒。广播体操的活动设计覆盖全身，有针对性地刺激不同肌群、活动重要关节，动静结合。

考虑到当今青少年的学业重、功课多，长期的伏案工作对颈部的压力很大，专门设置表现狮子醒来活动头颈部的"头部运动"，同时在"开合运动""体转运动""体侧运动""整理运动"中都融入颈部活动，确保学生的身体姿势良好，缓解放松头颈部肌肉，预防颈椎病；以屈伸、收展、旋转和环转等形式的运动，加强青少年核心部位的力量与稳定性；通过伸、屈及内、外旋转和扣锁等动作，增加膝关节韧性、附侧肌肉力量，有效预防青少年在运动与生活中的膝部损伤；马步、弓步、独立步、跳跃、旋转等动作加强踝关节的力量与活动幅度。

3. 搭建传承平台

积极搭建学校与地方联动传承平台，与台州市共青团、台州市非物质文化遗产保护中心与文化馆、台州市体育局、台州市教育局、黄岩区体育局，以及临海市体育局、文化旅游局、文化馆、非物质文化遗产保护中心和学校所在社区等保持长期合作关系，为学生社团参加地方重要文化活动展演提供平台，以及为学校开展传承提供一定的资金支持。与Qjj文化艺术有限公司、Wl文化传播有限公司、台州市太极拳协会达成合作协议，为学校传承推广提供专业技术支持和经费投入、及展示展演平台。参加传承项目相关的各级各类比赛，为项目的传播提供契机。

（1）与地方政府部门的合作

学校开展体育非物质文化遗产传承，必须要植根地方传承土壤，要主动与地方政府相关部门合作，形成协同优势，营造共传、共研、共享的传承环境。学校主动服务地方，地方积极支持学校传承，发挥学校的人力与文化优势，借助政府资金、行政平台，扩大传承效果、提升传承品质。体育非物质文化遗产进校园，与体育、教育、文化等部门均有直接关系，积极主动与相关政府部门联系，就学校传承开展工作进行深度合作。在研究者向学院领导汇报传承工作后，提出欲与地方相关部门进行合作的想法，学院领导表示这项工作对于学校开展传承工作非常重要，会与地方相关部门负责人商谈传承合作事宜。经过研究者及学校领导的努力，与台州市体育局、临海市体育局、临海市文广新局等部门形成传承合作伙伴关系。

①与文化部门合作。

当前体育非物质文化遗产由各级文化部门负责，所以与文化部门的深度合作是学校传承的重要推手。经过研究者前期与文化部门人员多次接触，洽谈合作事宜，再向学院领导汇报，最后确定双方正式洽谈传承合作事宜。

时间：2018年10月9日（星期二），9：00—11：00

地点：T学院体育学院会议室

事件："校地合作非物质文化遗产传承"洽谈会

上午9点，临海市名城研究会Lh、临海市文化馆Lyj、无量文化传播有限公司Wl一行应邀来T学院，出席体育学院主办的"非物质文化遗产文化"校地合作洽谈会。体育学院院长、副院长及武术课程组教师参加洽谈交流。

Zyz在会上介绍了体育学院基本情况及学校新"三步走"战略目标。她表示作为一所具有百年师范办学传统的地方性应用型高校，学院人文气息浓郁，文化积淀丰厚，应当义不容辞承担起非物质文化遗产传承和发展的重任。当前党和国家对非物质文化遗产高度重视，要积极把握时机，广泛开展校地合作，通过与地方文化部门密切合作，将体育非物质文化遗产项目中传统的简单技术展演升华为具有地方特色和丰富文化内涵的舞

第六章　体育非物质文化遗产学校社团传承的实践

台剧，以"黄沙狮子"为主线，结合台州地方特色，将文化与旅游有机融合，在给观众带来视觉盛宴的同时，让"非物质文化遗产文化"薪火相传，生生不息。

洽谈会上，双方还就剧本审查、具体运作等细节进行了深入研讨，非物质文化遗产专家在如何做好台州府城文化的舞台戏方面提出的精辟见解，令与会者受益匪浅。通过此次洽谈研讨，双方在合作平台的硬件设施、学生排演等方面达成初步共识。下一步将继续加强合作，共同打磨剧本，力求奉献一台以"黄沙狮子"为主线的反映台州府城文化的舞台剧，为非物质文化遗产文化传承作出应有贡献。（"'校地合作非物质文化遗产传承'洽谈会"会议纪要-20181009）

地方部门完成党和国家交与的弘扬民族文化、开展青少年民族文化传承的工作任务的同时，也确实加强了地方文化的保护与传承。学校虽在理论与技术方面具有优势，但是作为非职能部门，要想让地方体育文化进入校园，扩大受众群体，需要政府部门的行政力量及资金政策的扶持。

"终于找到一个好伙伴，一起为传承台州府城传统文化而奋斗。7年前我们文化局就准备将台州府城文化创编为一台舞台剧，但是由于缺乏人员，一直未能实现。现在临海正在为创5A而努力，各种硬件设施修缮完备，但是唯一缺乏的就是能体现府城文化的节目。正如评审5A的专家说'只有文化墙、没有文化核'。我们合作，这个问题一定会迎刃而解。"（20181009dh-临海市文化馆Lyj）

"要有长期固定的人员参与文化节目表演是当前最急迫的，贵校有文学、历史、教育、体育、艺术等相关专业，4年时间能学习府城文化，并进行表演，是可靠的固定演员。我们文化部门会对府城文化进行深入研究，一起努力，为打造一台体现台州府文化精华的节目而奋斗。"（20181009dh-临海市名城研究会Lh）

"我们学院一直很想传承台州优秀传统文化，但是确实也存在不少困难。我们学院老师对于台州府城文化的了解与研究还不够深，而且作为一家单位做这件事，资金和人力极为有限，即使研究出来了，想推广也很困难。现在有地方部门的加入和支持，大家共同来完成这项利于子孙后代的事业，一定会获得丰收。"（20181009dh-T学院体育学院Zyz）

②与体育部门合作。

体育非物质文化遗产的外在表现是运动技术，国家大力推进民族传统体育进校园，能增强学生的身体健康和培育民族文化精神。所以学校开展体育非物质文化遗产传承，离不开体育部门的支持。研究者与地方部门多次沟通交流后，与地方体育部门达成开展校园武术传承的意向。

时间：2018年5月25日（星期五），14：00—16：00
地点：临海市体育局会议室
事件：赴临海市体育局洽谈战略合作

下午2点，T学院体育学院院长率武术课程组相关教师赴临海市体育局洽谈战略合作，受到临海市体育局领导的热情接待。Zyz介绍了体育学院基本情况，重点推介学院正在积极筹划的六大地方服务中心，真诚希望临海市体育局能成为校地战略合作体系中的重要一员。她表示，开门办学、走向社会、服务当地是高校责无旁贷的重大使命和光荣任务，体育学院有较为雄厚的教授团队、高水平教练员团队、运动队团队，将依托专业学科优势服务于地方，积极寻求与地方体育部门全方位的深度合作。

临海市体育局Wjz详细介绍了临海市体育局在竞技体育、群众体育、体育产业等方面的工作现状和突出成绩。他表示市体育局特别重视"社会办体育"理念，正不断推动体育管理模式改革，也积极寻求与高校及其他相关部门的合作。（"赴临海市体育局洽谈战略合作"会议纪要-20180525）

会上，双方探讨了临海市武术协会组建、校园武术推进、大众武术健身开展等方面的事宜，针对当前的不足和困难提出建设性意见，并达成初步合作意向，为后期的工作跟进奠定良好的基础。

"我来台州都十多年了，今天还是第一次去体育局，其实很早就想和体育局谈关于武术合作的事情，自己心中也有想法，觉得应该可行。但是通过面谈之后才发现自己以前的设想有些地方不合理，而且也很不完善。"（20180526dh-T学院体育学院Fls）

"我们办学就是要与地方紧密合作，你们武术课程组实力很强，不光要在学校搞好教学训练，还要努力担负起地方武术进校园的重担。你们有什么想法就及时给我说，我来帮你们牵线搭桥。事情总是谈出来，多沟通交流就知道对方真实想法了，总是能找到相互感兴趣的点，事情就能落实了。"（20180526dh-T学院体育学院Zyz）

学校传承开展要秉持开放的理念，与地方合作，形成资源汇聚、优势互补，进而深层次交流合作。要重视地方政府在校园传承民族传统文化的重要地位，虽然目前地方政府部门在学校传承支持的政策、资金等还有待加强，或是投入力度较小。但是在当前党和国家高度重视青少年传承优秀民族传统文化的大环境下，政府部门对于学校传承开展投入的力度必将越来越大。

（2）与社会力量的合作

通过调研发现，当前体育非物质文化遗产学校传承推广过程中，缺乏传承资金这一问题较为严重，政府部门用于学校文化传承投入力度有限，社会资金支持是解决当前传承困境的有效途径。为此，研究者在该方面进行了大量工作，最后与Qjj文化艺术有限公司初步达成合作意向，开展台州优秀传统体育文化传承研究与推广的合作。之后向学院领导进行汇报，约定时间详谈合作事宜。

时间：2018年6月28日（星期四），8：30—10：00
地点：T学院体育学院会议室
事件："校企合作交流"洽谈会议
今天上午，Qjj文化艺术有限公司负责人到T学院体育学院考察调研，并就合作成立"武术文化传承基地"项目进行交流洽谈。体育学院院长主持洽谈会，学院党总支书记、副院长、院务成员和学院武术组教师等参加。

Zyz热烈欢迎Qjj文化艺术有限公司董事长、总经理等一行，她重点介绍了体育教育专业学生结合高校人才、智力、技术优势联合成立大学生创新创业园，共同筹建台州地方传统体育文化研究院与府城文化表演队的情况，对双方建立长效合作机制充满信心。Jsj从"文化自信"与"中华传统文化输出"的视角，高度认同双方合作开发地方特色传统文化、创建传承传播平台。Cyz从武术的专业角度，表达了对深入开展项目研究的兴趣与热情，希望双方真诚合作，优势互补，共建双赢。

Qjj文化艺术有限公司董事长等介绍了公司运营现状、优势项目及当前的瓶颈困难，热切期待与体育学院在筹建研究院、表演队、培训营等领域的深度合作。最后双方达成战略合作协议。（"'校企合作交流'洽谈会议"纪要-20180628）

作为文化公司，盈利当然也是其首要考虑的要素，但是能够沉下心做地方文化保护与开发这一事业，我们能感受到他们对于地方优秀文化的执着与热爱。而且将其在文化传播推广方面的专业知识运用进来，对于学校开展传承开阔了视野、提供很多行之有效的新思路。学校有固定的学习场所和稳定的传承人员，是双方合作的重要原因，所以长期深入合作是双方共同的意愿。为了双方深入合作，T学院体育学院决定对Qjj文化艺术有限公司进行考察。

时间：2018年7月5日（星期四），14：00—16：00
地点：台州府城文化创意园会议室
事件：考察调研台州府城文化创意园

下午，体育学院院长、党总支书记率班子成员、学院部分教授和博士赴台州府城文化创意园专题考察调研，并洽谈深入推进"武术文化传承基地"校企合作项目，校发展规划处（地方合作处）处长应邀参加调研。座谈会上，双方就"传承基地的合作细节展开热烈的研讨，一致认为应该将基地建设、传承队伍建设、打造地域特色鲜明的游学项目、教师课题申报、大学生创业、"互联网+"新媒体传播平台等有机融合,深度合作,优势互补,互利共赢。("考察调研台州府城文化创意园专题会议"纪要-20180705)

体育非物质文化遗产作为传统体育文化代表,功能丰富多样,不同的传承主体参与传承体育非物质文化遗产关注的功能点各有不同。政府相关部门开展传统体育文化保护与传承关注的是体育非物质文化遗产的文化、教化、经济功能。学校传承关注的是对青少年传统文化培育、身心健康促进、地方文化传承与弘扬的功能。社会组织关注的是传统体育文化展演功能。专家学者关注的是如何深入挖掘文化内涵、创造创新文化形式的文化教育功能。传承人看重扩大传承受众、培养代表性传承人的功能。社区民众看重的是参与或观赏体育非物质文化遗产促进身心健康与了解地方传统文化的功能。

各传承利益主体关注的功能汇集于协同创新传承系统这一空间,各尽其责,互补共建,在遵循系统功能最大化的前提下,满足个体功能追求,达到协同共赢。

4. 传承人才的培训

台州市文广新局从2014年起开始开展学校传承的师资培训,由市文广新局聘请代表性传承人、专家作为培训教师,文件下发由教育局和文广新局共同盖章下发,为参与培训的教师免费提供吃住。目前已开展的项目为剪纸,2014年、2015年、2106年三年时间为普及阶段,所有感兴趣的教师均可参加,学习剪纸的基本技艺。2017年、2018年为提高阶段,为具有一定基础、且学校支持、愿意进一步深入学校的教师进行剪纸技艺提高培训,主要培养教师创编技能,目前有几所学校开展较好,有课程、兴趣班,还在省级、国家级剪纸大赛中获得佳绩。接下来台州市非物质文化遗产保护中心准备开展台州优秀地方传统音乐进校园的师资培训,但是地方开展培训也面临很多问题,如中小学音乐教师少,且台州地方音乐具有较大影响力,具有较完备的理论体系的项目几乎没有,所以如何开展和设计教学内容是当前最大的困惑。研究者针对培训体育非物质文化遗产进校园师资的问题,与台州市非物质文化遗产中心Lzr进行了多次申请,有望下一步将体育类非物质文化遗产项目进校园的师资培训作为工作计划之一。

研究者在2018年秋季与T学院武术课程组几名骨干教师一起，申报了浙江省中小学教师培训项目，培训题目为"体育非物质文化遗产学校传承设计与实施"，获得省教育厅批准立项，但是由于第一次申报该类课题，课程学时安排为30学时，较多教师欲选择该培训，但因时间较短，且培训时段安排在学期中，所以学校不予批假，故而导致此次培训夭折。2019年再申请该项目，将学时安排为90学时，培训时间安排在暑假，希望能有较多在校教师前来参与。这一方面，还需要加快进程，以缓解当前学校传承中的师资紧缺问题。

5. 信息化技术运用于学校的传承

信息化是当今时代之主题，学生认识世界更加快速、便捷、多渠道，把信息化技术用于体育非物质文化遗产保护传承也符合当前的趋势。

信息化成果为体育非物质文化遗产的保护与传承提供了更多路径，信息技术带来的优势深入人心。信息化技术运用于体育非物质文化遗产学校传承，能将有限的空间扩大，使校内、校外空间共同进行，还能使传承的时间从课堂延伸到课外。但是预先设计的线上线下一体化的传承，开展情况不甚理想，存在较多技术难题。所以目前此项活动在D中学还未正式实施；T学院目前只有微信公众号，但是还不够完善。目前正在争取政府部门支持及与社会力量合作，筹集资金、聘请专业技术人员指导信息化传承设计与实施。

三、传承方案的实施效果

在地方政府部门、传承学校、项目传承人、社团学生的支持和努力下，D中学2018年底被市非物质文化遗产中心正式定为大田板龙传承基地，已上报市文化广电新闻局，获批准。T学院的传承开展形式丰富，在地方产生较大影响力，市文化广电新闻体育局已开会讨论，决定于2019年组织人员进行考核验收，再正式认定为缩山拳与黄沙狮子的传承基地。研究者被临海市非物质文化遗产中心授予"'舞龙'传承人"的光荣称号。这些情况说明，两所学校从各自的传承目标出发，在传承相关主体的协同配合下，学校开展体育非物质文化遗产传承取得了较好的效果，得到了学校与政府部门的肯定。

（一）参与传承学生取得的成效

1. 较好地掌握传承项目技术

D中学龙狮社学员熟练掌握板龙舞龙技巧。在传承大田板龙的过程中，为确保板龙传承的整体性，"板龙制作技艺"是传承的重要组成部分，在木工方面，可以利用木工专用车床完成锯、刨、打孔等，学生在老师的指导下基本能学会；竹工方面，板龙是由竹条扎制而成，需要大量的竹条，经过认真学习，学生也能制作粗糙的竹条，虽不算美观，但也能基本满足需求，不会对板龙的整体形象有太大影响（因为竹条外包有一层尼龙布，布上贴纸花）。

正是因为社员们对技术的熟练掌握，D中学龙狮社参加了多次校内重要活动的展示展演，如"欢迎德国维尔纳·冯·西门子一级文理中学师生回访"活动；学校迎新晚会表演、校运动会开幕式表演、校元旦文艺汇演等；参加2018年浙江省舞龙锦标赛，获得铜奖，研究者作为龙狮社教练，被组委会评为"优秀教练员称号"；被台州共青团邀请参加"传统遇见创新、制造遇见文创"活动的展演；参加由临海市文广新局、临海市关工委举办的"讴歌改革开放四十年暨非物质文化遗产进校园文艺汇演"活动，获得现场观众的一致好评，研究者被主办方嘉奖。在2018年底再次进行社团招新活动时，报名人数有一百多人，最后经过筛选，新招男生社员32人、女生25人，大大充实了板龙传承队伍。

T学院的学员们有较好的身体素质和较为扎实的武术与舞狮基础，技术学习收获颇丰，掌握了黄沙狮子的舞狮技术、跳单桌等，高塔倒立动作中的"腰部插蜡烛""脱穿鞋袜"还不能表演，其他动作皆已掌握；掌握缩山拳的基本动作和缩山拳拳术一套。

功夫舞狮社多次参加学校与地方重要活动表演及电影拍摄等。在比赛方面，加由省教育厅、省体育局主办的2018年浙江省大学生武术锦标赛，最终勇夺3个冠军、3个亚军和7个季军的优异成绩，并因此分获丙组团体总分第三名和甲组男子团体总分第四名；参加由国家体育总局主办的"国缘杯"2018年全国舞龙舞狮锦标赛，舞狮队荣获北狮成年组竞速项目第三名、自选项目第五名；参加浙江省文化厅举办的浙江省第二十九届戏剧小品大赛，参赛小品《醒狮》获优胜奖。

参加了市财政局投资的微电影《最多跑一次》拍摄，该电影参加亚洲微电影比赛，获得金奖；参加T学院运动会开幕式，表演以狮与武术为题的"舞动中华魂"节目；参加学校和部分二级学院的迎新晚会、元旦文艺汇演；助力台州国际马拉松表演等。

研究者承担Z汽车学校举办的台州市重点职业学校运动会开幕式的筹划与训练，带领功夫舞狮队成员对该校一年级学生进行武术、舞龙舞狮的训练指导，其中武术表演方阵300人、舞旗方阵200人、舞龙80人、舞狮25人，开幕式表演大获成功，受到学校校长的高度赞扬，以及参加开幕式的台州市领导的高度评价。武术课程组带领功夫舞狮队的学生骨干，对三所中学、四所小学、两所幼儿园提供课外拓展活动的武术指导，以及两所学校舞狮、三所学校舞龙的指导。

取得较好成绩的同时，也存在一些需要改进完善之处。D中学在板龙的刻纸方面有较大困难，刻纸所用刻刀近三十把，每把刻刀的作用不同，且首先要对所要雕刻的图案进行绘制，这一学习过程较为漫长，需要学生付出较多时间，这也是今后传承实践中需要重点关注的地方。T学院功夫舞狮队在学习塔顶倒立类动作时，会产生恐惧感，所以这部分需要研究者与传承人进行优化；在学习缩山拳时，由于学员未学习过格斗技击等技术，平时练习以竞技武术套路为主（为参加省大学生武术比赛，比赛内容设置只有套路，没有散打格斗类），在对学生进行套路教学时，及时讲解动作用法，但是较多学生依旧以模仿动作为主，对于传统武术的技击本质理解不够，所以在今后教学中计划将技击格斗作为教学内容之一，辅以打沙袋、打靶、实战等，让学生学会真正的传统武术。

2. 提升传承参与的主动性

学校开展传承后，通过宣传，慕名而来的人不少，特别是两个社团招新后的第一次学习，参与者众多，通过几次学习后，虽有学生退出，但是大部分通过参与教师设计的活动后产生兴趣，也坚定了决心，想要好好学习这些传统体育文化，在学习过程中积极主动性越来越强。

学生会主动与指导教师和同伴互动交流，从最开始练习迟到到后面每次练习都会提前到达，从开始的原地等待教师指令到主动拿器材、自己做准备活动热身，在学习结束后主动归还器材、做放松练习，在前一天会在微信群里向老师咨询"我们明天学什么",在学习中会主动与老师交谈"我觉得这个动作是不是可以这样做"等,学生从"外人"转化为传承体育非物质文化遗产的"主人"。

通过参与传承,学生已经成为这个项目的守护者与"代言人"了,"我们武术的""我们舞龙的""我们舞狮的"等成为了学生的口头禅,而且会在同学、朋友及家人面前主动谈及。

3. 团队合作意识的培养

体育非物质文化遗产在其形成与发展过程中,就是不断地融合个体和群体文化技术精髓的过程,很多项目本身就需要团队合作方可完成,即使那些单个演练的项目,在其平时习练中也是不断地与老师和同门进行切磋交流方可达到一定的高度。

在进行传承中,指导教师刻意设计安排,诸如教学中的一对一配对学习、分组学习、分组和集体讨论,课后分组复习与预习,学期考核时有小组自编套路等,通过这些活动使学生养成合作交流的意识,培养集体精神。通过一段时间学习后,参与的学生很自然地觉得我就是这个团队的一员,我愿意和团队其他成员一起把这个项目学习得更好。

"通过在社团的学习,真正理解了什么是集体精神,以前只是在德育课上听老师讲解,觉得很空,通过练习舞龙,需要每一个人都认真,否则龙就无法舞起来,我理解一条龙就是一个集体,大家都想着同一件事,一起努力,就是集体精神"。(20181226ft—D中学龙狮社学生Gkj)

"在学习过程中,有人做的不好,或者不认真,我们其他人都会埋怨他,但是课后没人会再想这件事,大家一起练习时间长了,我们都是好朋友,我们舞龙队就是一个集体"。(20181228ft—D中学龙狮社学生Zjx)

"我们每次接到表演后,大家更加认真学习,我们就是想在别人面前展现出我们舞狮队是一个优秀团体,让别人羡慕我们,给我们鼓掌。"
(20181218ft—T学院功夫舞狮队Zjf)。

4. 礼仪德行培育

在传承活动的实施中，将德行礼仪培育贯穿于整个过程。每次学习开始与结束时，师生互相行抱拳礼并问好；在学习过程中，师生之间、学生之间交流与切磋时行礼鞠躬；要求学生在学校和回家后对师长有礼貌，要懂得尊重和感恩；在学习过程中要虚心求教，在同学面前不可耀武扬威、欺负弱小等。

例如，黄沙狮子民间艺人第一次来T学院传授黄沙狮子技艺时，研究者要求学员们提前二十分钟武术馆，整理好器材，恭候师傅们的到来。师傅到达后，学员们列队，集体行抱拳礼，说"师傅好"，研究者逐个介绍后，学员们再次行礼，说"W师傅好"。

在学期结束时，研究者会向学生的班主任咨询该生在本学期的道德表现情况，整体情况良好，也存在个体差异，但是所有学员均有进步。老师们说，在参加社团后，对于尊敬老师、爱护同学方面有明显提升。

"学生参加舞龙活动，提升了对家乡的热爱程度，对民俗文化有了更深的了解，让学生体会到传统文化并不遥远，就在我的身边。让'龙'的传统文化与现代文化有机结合，进一步提升学生对传统文化的认同度，激发学生热爱祖国、热爱家乡的感情，对于形成积极的充满正能量的校园文化具有深刻的意义。"（20181219ft– D中学德育主任Hls）

5. 身心、技术文化收获

社团招募学员是面向全校学生，欢迎所有感兴趣参与传承地方优秀传统文化的同学。D中学龙狮社的成员在之前都没有过体育学习的经验，T学院也招收了大量的非体育专业学生，这些学员在经过学习后，身体素质有明显改善，其力量、速度、耐力、灵敏、协调等素质明显提升；通过参加传承实践中安排的展示展演及学校重要节庆的表演和社区文化活动交流、比赛等，学生的心理得以明显改善，"开朗了""阳光了""胆子大""敢上台表现自己"等，是教师和家长的直观评价。

通过集体学习及课余时间练习，掌握了基本技术与动作，学会了在练习中思考如何改进动作，从模仿上升到探究思索。对地方文化的了解与认知方面，学生通过指导教师讲解、观看录像资料、阅读相关文字资料、参与社区文化活动交流等，将枯燥的文字图片转化为个体的理解与体悟，进而实实在在地了解与认知了本民族的文化精髓。

（二）传承指导教师的收获

本研究开展的传承实践活动的设计，是和代表性传承人一起多次商谈后形成的，而且在实践过程中也不断交流，予以改进，所以传承人也是活动的设计者。协同传承是本研究的初衷，也是整个行动的指导理念，与代表性传承人的深度合作不仅是实践活动的需要，也凸显传承人的主体地位。

通过每次活动开始前的商议，到结束后的交流讨论，代表性传承人都感受到自我价值。所以在传承开展中，他们会主动去思考，如何更好地将这些东西教授给学生，该采用哪些方法和手段来帮助学生尽快掌握。在不断地交流、思想碰撞、思考与反思过程中，这些老艺人们也收获颇多，知道了怎样教学生，该如何吸引学生的学习兴趣，实现教学相长。

（三）其他参与主体达成的效果

1. 家长支持与参与

家长是学校传承活动顺利实施不可或缺的力量。在学生计划参与传承之初，很多家长并不支持，更有不少人反对，毕竟学生的首要任务是学习，但是经过研究者、学校教师的大量宣传与解释后，不少家长心态发生改变。

为此，研究者与学校教师专门研究传承开展的时间和练习强度，保证不耽误学生的学习时间，也不让其产生训练疲劳，通过一段时间练习后，学生身体素质得到明显改善，这些改变使得家长由消极对待转变为积极支持，进而在不知不觉中成长为项目文化的学习者与推广者。

2. 地方相关政府部门愿意长期支持

当学校主动提出开展传承时，相关政府部门在力所能及的范围内提供人力、物力、财力的支持，为学校开展提供展示展演的平台，指导学校校本课程开发，联系代表性传承人等。

"我们愿意参加到学校传承工作中，这本来就是我们的工作之一，也是我们今后工作的重点，只要你们学校愿意开展活动，我们会尽力支持，保持长期的合作关系"。（20181227ft-台州市非物质文化遗产保护中心Lzr）

3. 学校参与传承的教师

（1）学校领导支持传承深入推进

学校开展体育非物质文化遗产传承，必须要得到学校领导的首肯方可开展后续工作，这也是传承实践顺利进行的关键因素之一。

"我校将大田板龙引进校园，形成具有地方特色的校本课程，让地方优秀文化资源进入校园，既承担起学校传承地方文化的责任，又促进学校与地方的互动交流，这一举措既符合教育部关于课程改革的要求，体现办学特色，又丰富了学生的校园文化生活，有效地保护和传承大田板龙这一民间艺术。"（20181205ft-D中学Wxz）

"作为地方院校，服务地方是我们的三大工作之一（教学、科研、服务地方），我们有义务、也有能力为台州的文化发展与繁荣尽一份力，通过开展这些体育非物质文化遗产项目，让学生收获了技术与传统文化，促进学生全面发展，也提高了我校在地方上的影响力和知名度。我们会继续深入全面地在挖掘整理、传承推广台州优秀传统体育文化方面而努力。"（20181212ft-T学院体育学院Zyz）

研究者在开展传承中，学校领导给予鼎力支持，出资制作和购买传承项目所需的器材，提供专门的场馆保障传承开展，主动协调学校相关学科教师加入到传承工作中，以及与地方政府部门申请和沟通，争取资金与展示机会，从而保障传承实践按照既定目标顺利推进。

（2）激发了参与传承教师的主动性与探究意识

协同创新指导传承实践，就是要充分发挥不同学科领域教师之所长，进行有效汇聚，形成传承合力。所以在学校确定传承工作后，立即联系学校相关领域的教师与之商讨，最后在学校领导的支持与协商下，相关学科教师加入到传承小组中，虽各自工作繁忙，但在学校传承中都积极参与、出谋划策，特别是各领域教师在传承实践过程中提出的专业性建议与意见，为传承实践的顺利推进做出了巨大贡献。

> "作为本地人，以前在春节期间看过板龙表演，很好看，特别是晚上，龙里面的蜡烛把那些剪纸照得很漂亮。通过参加学校板龙传承，我近距离了解与认识，这些老师傅们太厉害了，刻纸、制作、舞龙都有那么多的知识，的确是好东西。我们学校开展传承做的很对，就是要让年轻人多了解本地的文化，让他们参与进来，好好学习。我今后也会在这方面多思考，多行动。"（20181121dh-D中学体育组Yls）

> "我从8岁就进了省体工大队学武术，学习武术套路，打过多次全国赛，拿过全国冠军，在竞技武术这一块自认为了解很多。这次参与学习地方传统拳，收获很多，在与老师傅的学习和交流中，了解了这些传统拳老师傅对中华武术的认识、技击运用与发力技巧，对我以后对武术的认识与研究，还有武术教学训练都有较大帮助。"（20181214dh-T学院体育学院武术课程组Fls）

部分教师在参与传承之前，对于台州地方传统文化的研究较少，通过参与传承工作，对于地方文化进行了深入了解与学习，结合自身领域，开拓了教学与研究的视野与思路，促进了教师能力的提升，以及在地方学校中的知名度。

4. 社会组织希望与学校长期深入合作

大力推进我国文化产业的繁荣发展，不仅能够实现经济效益的提升，更重要的还可以增强全体人民对于中华文化的认同与自觉,这种文化的认同与自觉能够进一步增强全体人民的文化自信[1]。在党和国家的大力支持下,文化产业已成为当今时代的阳光产业,所以当前很多文化公司或社会组织将其目光投向开发地方优秀传统文化这一领域,研究者在传承实践中就深有感受。

"公司一直坚持台州文化的推广传播,我们喜欢台州传统文化,愿意把推广传播台州文化作为我们的事业,这是我们这群人坚守的重要原因。但也存在较多的困难,我们人手不够,专职的演员需要大量的经费支持,而且人数要求较多,演员的来源是一个大难题,所以我们也想找合作方。"(20181107dh-Wl文化传播有限公司Wz)

"你们学校有人、有技术,我们有在搞文化传播推广的经验和优势,这是我们的专业,所以合作对我们双方是一个共赢,希望以后深入合作,将传承推广台州府城文化做大做强。"(20180912dh-Qjj文化艺术有限公司Lz)

在与两个文化公司洽谈合作事宜时,对方人员均有极大的热情,虽早有想法,却苦于无合作伙伴,所以对于与学校合作开发文化产业很有兴趣,每次洽谈均深入仔细,只为更好地解决合作中的困难。通过在合作中的交流与协商,在发挥各自所长的基础上,产生很多新的有用想法,并付诸于实践。

---

[1] 施兰英. 促进文化产业繁荣发展,增强文化自信[J]. 人民论坛,2018(12):133-135.

第七章 传承建议、研究不足与展望

一、传承建议

（一）激发学校教师参与传承的主动性，加强学习与培训

学校社团传承的深入，需要学校教师的积极参与，仅靠民间艺人无法取得预期的效果。然而当前学校社团开展传承时，校内能够胜任指导教师工作的教师极为缺乏，虽然很多教师都是土生土长的本地人，但是对地方文化的了解与熟悉程度却像是一个外地人，不甚了解或是一知半解，更谈不上传授学生地方文化知识。所以激发在校教师的主动参与是学校社团传承的内驱力。

鼓励教师参与到社区文化活动交流中去，通过亲身体验，对地方文化有直观感受与认识，在实践体验中反思自我在传承地方传统文化中的作用与行为，从内心深处产生自我学习与向学生传授优秀民族文化的动力，进而转化为实际行动。在深入了解与认知后，教师要积极进行研究，通过自我探索、同事讨论、请教专家等形式，分析哪些内容是整个项目的精髓、如何选择适合学生身心特征的内容、如何对其改造创新、在本校开展传承所需的注意事项等。通过不断地思考、学习、研究，成为校园传承的自觉践行者。

要加强教师对地方传统文化的了解与学习。当前教育部门对于在职教师有培训学习的硬性要求，培训主题多为学生考试内容，少有民族文化培训，使得这些优秀传统文化被忽视，教师了解与深入学习的途径较少。所以地方相关部门要举办地方传统文化进校园的专题培训，鼓励有兴趣的教师参与，聘请专家学者和代表性传承人担任培训教师，为有意参与传承的教师提供学习平台。

（二）提升民间艺人的传承指导能力

民间艺人是当前较多学校传承教师的重要来源，其专业素养对于学校传承

开展至关重要，针对当前较多民间艺人文化程度不高，特别是教师教育专业素养严重缺乏的现状，加强其传承指导能力是保障学校传承的重要措施。如黄沙狮子艺人在T学院传授技艺时，这一问题得以体现，因为传统的黄沙狮子传承就是师父口传心授，所以市非物质文化遗产保护中心人员在黄沙狮子第一次进入T学院传承时，就告知研究者"他们几个会做不会教，主要靠自己做示范，不知道怎么讲"，要求研究者在几位师傅做完技术动作后，一起合作讲解，帮助学生理解技术动作的要领，在实际传承过程中，确也如此操作。

要加强民间艺人的教育理论培训。在学校开展体育非物质文化遗产传承实践过程中，需要民间艺人思考学校社团传承形式与社区、家庭传承的区别，要根据学生的兴趣和需要来设计活动开展形式与传承内容，不能一味照搬师徒传承的方法。要懂得讲解与示范相结合，特别是要掌握如何简练、精准地讲解所教技术，让学生能够准确理解技术动作的关键环节、发力要领等，同时学会合理运用示范。学会根据不同的学习对象区别教学，鼓励愿意参加传承的学生参与学习，运用表扬法，让学生能在传承中体会成功感，在同学面前获得成就感，有助于学生传承兴趣的持久保持。需由文化、教育、体育等部门合作，采取定期培训、专题研讨、现场观摩、教学展示与研讨等形式，培养民间艺人的教育理论水平，并将其教育能力素养作为年度考核的指标之一，加以精神与物质上的奖励。

（三）探索社会力量与学校社团传承合作的有效形式

社会力量是指除政府机关及其下属文化事业单位外的组织和个人，包括企事业单位、非营利组织和公民个人等[1]。社会力量介入学校体育非物质文化遗产传承中，能有效缓解学校对于资金需求的状况，也带来新的理念及文化传承推广方面的专业性支持。学校拥有场地器材、专业教师、稳固的传承参与者等，这恰是社会力量缺乏且看重之处，进而实现双方共赢。

当前两者合作状况不甚理想，首先是社会力量主动参与学校传承的意识不强，文化投资在当今社会虽得到重视，但因其周期长、效益不高，导致不少社

---

[1] 邓银花.社会力量参与图书馆建设的缘由、模式和激励[J].图书馆杂志，2014（2）：14-19.

会组织或个人对此顾虑颇多。其次是学校对于项目传承的技术与文化掌握程度不高，在地方的影响力较小，导致对社会力量的吸引力不够。开放协同是当今时代的特征，双方深度合作是必然趋势。

研究者在传承实践中对于社会力量介入学校传承做了较多努力，主动与地方的文化公司、协会等组织进行交流，寻求双方合作切入点，经过努力，目前已与两家文化传播公司和一家民间体育协会达成合作协议。在合作过程中，还存在较多需要磨合协商之处，因为在体育非物质文化遗产学校传承事业中，学校是为传承民族优秀传统文化，而社会组织需要考虑效益回报，这种差异会直接影响双方合作的推进。

探索科学合理的学校与社会力量合作形式，是保障双方深度持久合作的关键。在合作开展之初，需深入交流，达成合作协议后，需签订正式合作合同，使得合作双方各自根据合同开展传承工作。合同内容涵盖双方在传承合作中各自的投入、传承团队的管理、利益分配、知识产权归属、违约赔偿等事项。签订合同是书面形式的保障，但双方合作中，包容与理解尤为重要。

（四）强化相关政府部门之间的协同

学校开展民族文化传承需要政府相关部门的大力支持与通力合作。学校开展体育非物质文化遗产传承，与教育、文化与旅游、体育等相关部门关系密切。但是在当前学校开展传承地方优秀体育文化中，主要支持部门为地方非物质文化遗产保护中心，其他部门参与积极性不高，这一现象目前较为普遍。

本研究发现，支持学校开展传承，并提供人力、物力、资金支持的仅为市非物质文化遗产保护中心；教育局与体育局鼓励学校开展，但未有太多实质性的扶持，学校的教学与体育工作年度考评工作也未将传承体育非物质文化遗产纳入其中，对于学校传承开展的推力较小。而且由于各个部门有着自己独立的系统，在支持学校传承过程中，存在部门本位主义，导致资源缺乏或重复浪费等情况，影响传承进度与效度。

所以加强相关政府部门在学校开展中的政策、资金、人力、物力的投入尤为重要，各部门需要深入沟通合作，优化资源配置。成立由政府相关部门人员参与的校园传承组织，考查分析学校传承过程中所需的资源投入，共同商讨传承规划与资源配备，确保学校资源需求的稳定来源与合理分配，积极开展与参与相关的活动或比赛，利用政府的影响力加大宣传力度，为学校搭建展演与交流平台。

（五）构建评价体系，及时评估与预警

从宏观维度出发，评价整体传承效能及各参与主体在学校社团传承中的贡献度与达成度，同时要根据各传承主体在传承系统中所占比重、组织规模等要素区别对待。评估传承效能要实现内部外部相结合，各子系统需成立内部评估组织，进行自我评定与审核，从自身探寻成功之处与不足，通过内部自我评估及时调整传承规划设计。外部评估是对整体传承质量进行监督管理的有效手段，以客观的态度评价各传承主体的传承效能。在外部评估过程中，要发挥整体传承组织机构的监督与协调作用，各子系统积极配合；同时要引入第三方评估组织，聘请专业评估机构、社会组织、民间团体、新闻媒介、相关领域专家学者等组成第三方评估组织，发挥第三方评估组织的专业性、客观性、公平性，并将常态监测与不定期抽评相结合，确保评估的过程性与真实性。

参与学校传承的单位或个人要及时上报各自的相关信息，决策组织充分利用信息数据管理平台，广泛深入采集传承的相关信息，与传承标准进行比照，及时分析系统环节中出现的问题。组织专业人员深入探析问题出现的成因，提出可供选择的改进方案，及时将信息反馈给相关传承主体与相关部门负责人，优化改进，形成常态化监测机制。根据传承标准建立整体系统与子系统传承预警，根据及时采集的信息指标与实地调查等，采用定性与定量结合评价的方法，将综合传承指标与具体实施评价指标进行数据对比，分析传承实施情况，预判传承走向。当数据值接近或达到预定警戒值时，数据分析平台发出不同级别的预警信息，提示传承组织管理机构和相关传承主体，及时分析与干预，确保整个传承实践围绕既定目标推进。

二、研究不足

对体育非物质文化遗产项目和区域实地考察有待增加。在体育非物质文化

遗产传承项目的调研方面，本研究选取具有代表性的项目，主要为大众熟悉的龙狮运动与武术，在国内也具有较大的影响力，且均被列入到国家级非物质文化遗产名录，但是调研项目的数量偏少。在调研区域上，缺乏对少数民族地区学校开展体育非物质文化遗产传承情况的调研，对于非物质文化遗产的保护传承工作，我国少数民族地区投入了大量人力物力，学生进行本民族传统文化培育，由地方政府组织或学校自行对地方优秀传统文化进行挖掘整理，开发地方课程和校本课程，很多成功的经验值得学习与借鉴。所以实地考察体育非物质文化遗产项目数量和区域这两方面，本研究还有待加强。

三、研究展望

传承的数量与质量需要提升。目前除正在开展传承实践的几个项目外，大石车灯戏（被列入浙江省级非物质文化遗产名录）在2018年9月通过市非物质文化遗产保护中心牵线，双方达成传承合作，目前正在学习阶段。学员与大石车灯戏传习所老艺人们一起多次参加过台州市举办的传统文化展演、与其他市合办的"文化走亲"及重要节庆展演。学员们目前在表演中主要扮演需要武术基础的马保、马后、家将等角色（目前大石车灯戏主要表演节目为"关云长千里送嫂"），由于唱腔角色练习时间较长，目前表演仍由老艺人们完成。由于传习所成员年岁已高，且武术功底较薄弱，所以在表演时未能将关公"武圣"的形象得以表达，有武术基础的年轻学员加入为大石车灯戏带来了活力，马保表演的空翻、马后的滑稽、武将的武打动作表现很精彩，每次表演都得到观众的热烈喝彩，提升了该项目在地方民众中的影响力。

在开展传承学校方面，D职业技术学校、Z汽车工业学校主动联系研究者，并聘请为指导教师，负责学校龙狮运动的教学与训练，Z汽车工业学校于2018年10月上旬成立龙狮社，通过刻苦训练，龙狮社参加了2018年11月上旬在该校举办的"台州市重点职业学校运动会"开幕式展演，以及校元旦文艺晚会展演，获得观众好评；D职业技术学校于2018年10月下旬成立舞龙队，参加了校元旦晚会文艺汇演。T初级中学、S小学、L幼儿园主动联系研究者，要求开展地方武术进校园，目前以教师亲自指导和派出优秀学员指导的形式进行。研究者及团队创编的"黄沙狮子广播操"已被B中学采用。

在传承开展的深度方面，研究者团队与临海市文化旅游局、W1文化传播公司合作的大型舞台剧《醒狮》，已完成剧本编写，目前正在排练中。该剧将台州府城文化中极具代表性的项目纳入其中，除传统体育文化项目外，还包括临海词调（列入国家级非物质文化遗产名录）、地方剪纸、地方音乐等元素，节目总时长近两小时，将配合大型场景、灯光、LED屏幕等，以增强观赏效果。总之，欲将该舞台剧打造成台州府城文化的一张名片，在地方重要节庆和旅游景点进行表演。

通过研究者及团队的努力，相信台州地区开展体育非物质文化遗产传承的学校数量会越来越多。在与政府相关部门、专家学者、民间艺人等共同努力下，学校传承开展的深度与广度会得以提升，将对青少年进行优秀民族文化培育的任务落到实处。

参考文献

[1] 韩廷伦. 教育研究方法 [M]. 北京: 高等教育出版社, 2011: 237.
[2] 中央教育科学研究所比较教育研究室. 国际教育百科全书 [M]. 北京: 教育科学出版社, 1990: 617.
[3] 陈向明. 质的研究方法与社会科学研究 [M]. 北京: 教育科学出版社, 2000: 21, 269, 289.
[4] 赵世林. 云南少数民族文化传承论纲 [M]. 昆明: 云南民族出版社, 2002: 5.
[5] 庞丽娟. 文化传承与幼儿教育 [M]. 杭州: 浙江教育出版社, 2005: 536.
[6] 王军, 董艳. 民族文化传承与教育 [M]. 北京: 中央民族大学出版社, 2007: 100.
[7] 张忠华, 张典兵. 21世纪高等师范院校教材: 学校教育学 [M]. 青岛: 青岛海洋大学出版社, 2001: 21.
[8] 皮埃尔·布迪厄, 华康德. 实践与反思——反思社会学导引 [M]. 李猛, 等, 译. 北京: 中央编译出版社, 2004: 133-134.
[9] 陈劲. 协同创新 [M]. 杭州: 浙江大学出版社, 2012: 32-39.
[10] 郭治安, 等. 协同学入门 [M]. 成都: 四川人民出版社, 1988: 25.
[11] 约瑟夫·熊彼特. 经济发展理论 [M]. 何畏, 等, 译. 北京: 商务印书馆, 1990: 73.
[12] L.H.克拉克, 等. 中学教学法（上）[M]. 北京: 人民教育出版社, 1985: 163.
[13] 徐英俊. 基础教育新概念丛书——教学设计 [M]. 北京: 教育科学出版社, 2006: 80.
[14] 德里克·郎特里著. 英汉双解教育辞典 [M]. 赵宝恒, 等, 译. 教育科学出版社, 1992: 137.

[15] 普丽春. 少数民族非物质文化遗产教育传承研究——以云南省为例 [M]. 北京：民族出版社，2010：38-47.

[16] 王文章. 非物质文化遗产概论 [M]. 上海：文化艺术出版社，2006：52.

[17] 潘年英. 非物质文化遗产保护与本土经验 [M]. 贵阳：贵州人民出版社，2009：3-5.

[18] 王娟. 民俗学概论（第二版）[M]. 北京：北京大学出版社，2011：18-25.

[19] 钟敬文. 民俗学概论 [M]. 北京：高等教育出版社，2010：12-30.

[20] 王岗. 民族传统体育与文化自尊 [M]. 北京：北京体育大学出版社，2007：110-118.

[21] 卢兵. 中华民族传统体育文化导论 [M]. 北京：民族出版社，2005：123-132.

[22] 盛群力. 现代教学设计论 [M]. 杭州：浙江教育出版社，2010：83-91.

[23] 范晓玲. 教学评价论 [M]. 长沙：湖南教育出版社，1999：15-31.

[24] H.哈肯. 协同学导论 [M]. 张纪岳，等，译. 西安：西北大学出版社，1981：155-163.

[25] 吴大进，等. 协同学原理和应用 [M]. 武汉：华中理工大学出版社，1990：2-8.

[26] 吴维亚，吴海云. 创新学 [M]. 南京：东南大学出版社，2008：5.

[27] 刘良华. 校本行动研究 [M]. 成都：四川教育出版社，2002：165-178.

[28] 沈建中，郑瑛中. 临海黄沙狮子 [M]. 杭州：浙江摄影出版社，2009：38-71.

[29] 付俊贤，秦文孝. 现代学校教育学 [M]. 西安：陕西师范大学出版社，2007：211-218.

[30] 卫星明. 京津冀业余网球赛事协同发展研究 [D]. 北京：首都体育学院，2017：30-36.

[31] 赵楠. 协同创新背景下江苏省高校社会体育指导与管理专业发展研究 [D]. 徐州：中国矿业大学，2016：36-39.

[32] 韩伊迪. 政府、学校、社区协同共建综合型社区体育俱乐部创新模式研究 [D]. 武汉：武汉理工大学，2015：53.

[33] 谢经良. 体育旅游产业集群协同创新模式研究[D]. 曲阜：曲阜师范大学，2015：71-75.

[34] 莫力. 非物质文化遗产的现代发展——云南省耿马县芒团傣族手工造纸生活研究[D]. 昆明：云南大学，2014：22.

[35] 马冬雪. 福建省体育非物质文化遗产的活态传承研究[D]. 福州：福建师范大学，2016：63.

[36] 何静. 少数民族文化融入幼儿园课程的个案研究[D]. 长春：东北师范大学，2016：119.

[37] 施海燕. 协同创新中心生成机理与实证研究[D]. 杭州：浙江工业大学，2017：52.

[38] 李金龙. 协同创新环境下的研究生联合培养机制改革研究[D]. 合肥：中国科学技术大学，2015：28.

[39] 李晓莉. 思想政治教育协同创新研究[D]. 兰州：兰州大学，2016：54.

[40] 黄正夫. 基于协同创新的全日制教育硕士培养模式研究[D]. 重庆：西南大学，2014：43.

[41] 吴昉. "海派剪纸艺术"传承与发展研究[D]. 上海：上海大学，2016：17.

[42] 张国栋. 中国武术现代传承困境研究——基于梅花拳的考察[D]. 重庆：西南大学，2011：92.

[43] 申春善. 文化选择与民族文化课程建构——延边州个案研究[D]. 北京：中央民族大学，2012：160.

[44] 杨影. 蒙特梭利课程本土化的个案研究——基于Z幼儿园的蒙特梭利教育实践[D]. 长春：东北师范大学，2015：20.

[45] 金琳. 学习共同体中教师研究者成长案例研究[D]. 苏州：苏州大学，2016：58.

[46] 李东伟. 汉语国际教育硕士培养模式及优化研究[D]. 北京：中央民族大学，2016：22.

[47] 秦中应. 当代湘西苗族传统文化的教育传承研究——以湘西州凤凰县苗族为例[D]. 北京：中央民族大学，2010：17.

[48] 谢红雨. 云南民族文化传承之区域教育路径研究 [D]. 昆明: 云南师范大学, 2016: 27.

[49] 刘子云. 民族团结教育实践模式研究 [D]. 北京: 中央民族大学, 2013: 13.

[50] 刘卓雯. 乡土意识变迁与乡土书写——黑龙江乡土教材的教育人类学研究 [D]. 北京: 中央民族大学, 2013: 34.

[51] 张赫. 体育教育专业教师教育类课程的优化研究 [D]. 上海: 上海体育学院, 2017: 19.

[52] 博雅杰. 为民族音乐文化传承的校本教材开发研究——以锡伯族音乐为例 [D]. 长春: 东北师范大学, 2017: 55.

[53] 郑志生. 区域推进学校特色发展的行动研究 [D]. 长春: 东北师范大学, 2018: 13.

[54] 江萍. 大学教师专业学习社群建设的行动研究——基于A大学的研究个案 [D]. 南京: 南京大学, 2018: 30.

[55] 马信. 回族文化传承: 经堂教育与学校教育比较研究 [D]. 北京: 中央民族大学, 2013: 35.

[56] 井祥桂. 纳西族学校民族文化传承机制研究 [D]. 重庆: 西南大学, 2011: 104.

[57] 蔡京玉. 行动研究对中小学教师专业发展的助推作用研究——基于长春汽车经济技术开发区区域推进案例 [D]. 长春: 东北师范大学, 2013: 24.

[58] 王珊. 龙泉菇民防身术项目开发与学校体育教学创新研究 [D]. 杭州: 杭州师范大学, 2011: 37.

[59] 路展宇. "类体育"非物质文化遗产在中小学校体育教育中活性传承的探究——以山东省淄博市为例 [D]. 兰州: 兰州理工大学, 2014: 29.

[60] 宾国宇. 农村学校体育中民俗体育教材化探索——以广西民俗体育板鞋竞速为个案 [D]. 桂林: 广西师范大学, 2011: 24-26.

[61] 杜金利. 山东青州花毽的学校教育传承 [D]. 大连: 辽宁师范大学, 2015: 11.

［62］毛鹏.土家族民间体育进小学体育课堂的研究与实践——以张家界市G小学为例［D］.湘潭：湖南科技大学，2017：12.

［63］叶国森.永春白鹤拳学校教育传承研究——以永春县中小学开展情况为例［D］.福州：福建师范大学，2016：22.

［64］梁艳.珍珠球作为校本课程开发的实验研究［D］.海口：海南师范大学，2012：10.

［65］李开会.仁怀市后山民族中学民族传统体育项目进校园的个案研究［D］.贵阳：贵州师范大学，2018：36-37.

［66］郭利利.学校武术教学的文化重塑［J］.教学与管理，2012（12）：116-117.

［67］刘文武.传统武术进入我国学校系统的必要性及其途径研究［J］.北京体育大学学报，2013，36（1）：97-101.

［68］姜南.传统武术对青少年身体的规训与救赎［J］.沈阳体育学院学报，2016，35（2）：123-127.

［69］姜霞，黄繁，柏超，等.地方武术进校园探究——以陕西传统红拳进校园为例［J］.教学与管理，2018（9）：41-44.

［70］段丽梅，戴国斌.学校武术的传承异化与教育人类学反思［J］.北京体育大学学报，2018，41（10）：139-145.

［71］杜银玲，段全伟，姜凯.我国学校武术中仪式化教育的缺失与重构［J］.体育文化导刊，2018（10）：143-147.

［72］张晓林，杨一.民间传统体育项目校园课程化研究——以黄龙溪学校引入"火龙灯舞"为例［J］.中华文化论坛，2010（2）：153-156.

［73］王永忠，余艳燕.渝东南地区少数民族传统体育进入学校的理性思考［J］.西南师范大学学报：社会科学版，2011，36（5）：244-247.

［74］孙永梅，王全军.民族传统体育融入学校教育的必要性与可行性［J］.体育学刊，2012，19（1）：86-89.

［75］李建荣，李果，郑锋."彝族铃铛舞"引入学校体育的实证研究［J］.贵州民族研究，2011，32（6）：170-174.

[76] 陈曙，罗永华. 论民族传统体育在中小学的传承与发展——以湘西凤凰中小学开展"花鼓舞"为例［J］. 贵州民族研究，2012，33（3）：173-177.

[77] 王忠孝. 少数民族传统体育融入学校体育的重要性及方法探析［J］. 教学与管理，2013（11）：154-156.

[78] 苗泽华，陈永辉. 京津冀区域复合生态系统的共生机制［J］. 河北大学学报：哲学社会科学版，2016，41（5）：79-84.

[79] 王帆，杨雪芹. 重构少数民族体育文化生态系统的探讨［J］. 成都体育学院学报，2009，35（2）：40-42.

[80] 王钧，王长生. 少数民族体育文化空间生态建设研究——以哈尼族磨秋为例［J］. 中国体育科技，2017，53（2）：113-118.

[81] 张艺，许治，朱桂龙. 协同创新的内涵、层次与框架［J］. 科技进步与对策，2018，11（7）：1-9.

[82] 郑彤彤. 产学研协同创新的内涵、模式与运行机制研究［J］. 湖北社会科学，2017（5）：169-173.

[83] 张绍丽，郑晓齐，张辉. 互联网环境下国家"开放—共享—协同"创新体系研究［J］. 科技进步与对策，2016，33（19）：1-7.

[84] 吴松强. 生态学视阈下高校思想政治教育的生态合力研究［J］. 教育探索，2012（9）：17-20.

[85] 王增福. 传承创新中华优秀传统文化需正确处理六大关系［J］. 山东师范大学学报：人文社会科学版，2018，63（3）：103-113.

[86] 黄前程. 中华传统文化创造性转化的理论基础、历史经验与当下思考［J］. 贵州社会科学，2016（12）：92-97.

[87] 李昌平. 以习近平新时代文化发展思想为指导不断推动民族文化工作实现创新性发展［J］. 西南民族大学学报：人文社会科学版，2018（1）：1-6.

[88] 王战军. 构建研究生教育质量保障体系——理念、框架、内容［J］. 研究生教育研究，2015（1）：1-5.

[89] 王海军，成佳. 多主体介入的产学研用协同创新网络研究——技术绩效和协调机制视角［J］. 华东经济管理，2017，31（6）：174-179.

[90] 邹晓东，刘晓璇，刘叶. 国际典型协同创新平台机制建设的经验借鉴与启示[J]. 中国行政管理，2015（12）：130-132.

[91] 任耘. 基于利益相关者理论的民族村寨旅游开发研究——以四川理县桃坪羌寨为例[J]. 贵州民族研究，2013，34（2）：112-115.

[92] 陈兰杰，刘彦麟. 京津冀区域政府信息资源共享推进机制研究[J]. 情报科学，2015，33（6）：109-114.

[93] 王润平. 当代中国家庭变迁中的文化传承方式探析[J]. 社会科学战线，2004（3）：273-274.

[94] 范婷婷. 多元文化背景下家庭教育与少数民族文化传承问题[J]. 黑龙江民族丛刊，2009（6）：169-172.

[95] 敬鸿彬，周娟. 家庭传承民族文化的困境与突破[J]. 中华文化论坛，2013（11）：61-64.

[96] 容中逵. 家庭教育：你在传统文化传承中都做了些什么——论当前我国家庭教育中的传统文化传承问题[J]. 教育理论与实践，2008，28（6）：54-57.

[97] 薛洁，韩慧萍. 家庭教育传承对于"非物质文化遗产"保护的价值和意义——以新疆少数民族民间文化传统为例[J]. 民俗研究，2013（1）：45-50.

[98] 游拢. 传统村落对民族传统体育发展的促进作用研究[J]. 体育文化导刊，2016（12）：65-68.

[99] 黄涛，郑文清. 非物质文化遗产保护工作中社区认同的内涵与重要性[J]. 中国人民大学学报，2018（1）：27-36.

[100] 安德明. 非物质文化遗产保护中的社区：涵义、多样性及其与政府力量的关系[J]. 西北民族研究，2016（4）：74-81.

[101] 宋倩雯. 基于非物质文化传承的社区教育实施路径研究[J]. 中国成人教育，2017（11）：144-146.

[102] 常超. 民族地区非物质文化遗产传承下的社区教育[J]. 中国成人教育，2016（20）：146-148.

[103] 敬鸿彬，鲜耀. 民族文化传承场域的疏离与融合[J]. 中华文化论坛，2015（20）：147-150.

[104] 徐广华,孙宽宁.论民俗文化的学校教育传承[J].当代教育科学,2018(7):30-35.

[105] 和学新.学校教育培养目标的当代取向——主体教育的学生发展目标探索[J].教育研究与实验,2011(2):7-10.

[106] 倪梦.少数民族文化传承场域的消解与建构——基于民族学校教育的思考[J].湖北民族学院学报:哲学社会科学版,2013,31(3):47-50.

[107] 熊湘华.学校教育视野下的非物质文化遗产传承研究[J].贵州民族研究,2013,34(3):60-62.

[108] 马会芳.现代学校教育与民族文化传承模式的关系研究——以凉山彝族家支教育模式为考察对象[J].贵州民族研究,2016,37(1):225-228.

[109] 冯一然,谭勇,金绍娜.非物质文化遗产马奈锅庄中的音乐文化形态研究[J].四川戏剧,2014(8):87-90.

[110] 郑骋,胡宏东.广东揭阳青狮文化形态研究[J].广州体育学院学报,2017,37(2):87-90.

[111] 赵宗福.西北花儿的文化形态与文化传承——以青海花儿为例[J].西北民族研究,2011(1):117-127.

[112] 程辉.场域视角下少数民族音乐传承模式建构思考[J].贵州民族研究,2016,37(5):87-90.

[113] 郭小刚.布迪厄场域理论在传统音乐非遗传承研究中的运用——以广东省非遗"五华竹马舞"为例[J].武汉音乐学院学报,2017(3):51-60.

[114] 卢德生.从普遍境域到特殊境域:学校民族文化传承的路径探析——基于生活世界现象学的视角[J].民族教育研究,2016,27(6):123-128.

[115] 晏振宇,孙熙国.传统文化创造性转化路径的思考[J].中国特色社会主义研究,2015(6):58-61.

[116] 张磊,张苹.论中华优秀传统文化的传承、转化与历史科学的发展[J].华南师范大学学报:社会科学版,2017(5):48-51.

[117] 王易, 白洁. 试论中华传统美德的继承与创新性发展 [J]. 思想理论教育, 2014（5）: 14-17.

[118] 张圆梦. 中国传统文化创造性转化和创新性发展的当下思考 [J]. 理论月刊, 2018（7）: 155-160.

[119] 陈先达. 中国传统文化的创造性转化和发展 [J]. 前线, 2017（2）: 33-38.

[120] 万光侠. 中华传统文化创造性转化创新性发展的哲学审视 [J]. 东岳论丛, 2017, 38（9）: 27-34.

[121] 曹瑞明, 冉清文. 大学生传统文化精华教育的缺失与路径构建 [J]. 现代教育管理, 2016（2）: 115-119.

[122] 覃刚, 王健. 近百年来中国学校体育教育的人文缺失及其思考 [J]. 华中师范大学学报: 人文社会科学版, 2014, 53（4）: 162-170.

[123] 于素梅. 体育课程实施中教育内容的缺失及根源反思 [J]. 程度体育学院学报, 2016, 42（5）: 10-15.

[124] 程文广. 我国体育教育的功能性缺失及其根源探究 [J]. 沈阳体育学院学报, 2011, 30（6）: 7-11.

[125] 余晓慧. 传统体育文化与和谐社会 [J]. 山东体育学院学报, 2010, 26（4）: 38-41.

[126] 陆卫明, 李红. 中国传统文化精神对和谐社会建设的价值 [J]. 西安交通大学学报: 社会科学版, 2011, 31（5）: 12-17.

[127] 陈巧妹. 民族教育与和谐社会构建 [J]. 广西民族研究, 2016（5）: 37-42.

[128] 陈庚, 崔宛. 社会力量参与公共文化服务的实践、困境及因应策略 [J]. 2017,（11）: 133-140.

[129] 施爱灵, 陈月华. 普通民众学习与传播优秀传统文化激励机制之构建 [J]. 学术交流, 2012（5）: 138-141.

[130] 王丽荣, 李若衡. 论家庭模式与优秀传统文化传承 [J]. 广西社会科学, 2016（7）: 185-190.

[131] 薛洁, 韩慧萍. 家庭教育传承对于"非遗"保护的价值和意义——以新疆少数民族民间文化传统为例 [J]. 民俗研究, 2013（1）: 45-50.

[132] 陆小黑，朱大梅，张道鑫. 传统文化复兴背景下中国武术的生态失衡与回归［J］. 沈阳体育学院学报，2018，37（3）：124-132.

[133] 刘春玲. 文化生态学视角下非物质文化遗产产业化路径选择——以内蒙古非物质文化遗产为例［J］. 山西档案，2017（1）：148-152.

[134] 赵志红. 文化生态视野下科尔沁马鞍技艺的传承与保护［J］. 西南民族大学学报：人文社会科学版，2017（8）：70-74.

[135] 龚建林. 体育文化生态系统的结构与特性［J］. 体育学刊，2011，18（4）：40-44.

[136] 武超，王江鹤，吕韶钧. 论民间习武共同体之生态保护［J］. 上海体育学院学报，2017，41（6）：90-95+100.

[137] 吴荔红，曹楠. 幼儿园骨干教师培训中的问题审视与创新路径［J］. 教育评论，2017（8）：127-130.

[138] 刘仁盛，庞立春，王冬悦. 我国体育文化强国构建的文化核心问题审视［J］. 北京体育大学学报，2017，40（12）：1-6.

[139] 杨蕾. 传统文化精神对高校大学生思想政治教育的价值［J］. 高教探索，2016（10）：176-177.

[140] 罗家祥，王杰康. 传统文化在学校德育中的价值与实现［J］. 教学与管理，2018（8）：41-43.

[141] 刘庚，荆玲玲. 论社区教育多元参与主体动态协同发展模型［J］. 继续教育研究，2018（2）：81-86.

[142] 张喜才，房风文. 参与主体视角下京津冀高等职业教育协同发展分析［J］. 教育与职业，2017（2）：21-25.

[143] 尹广文. 多元主体参与社区场域中的协同治理实践——基于四种典型的社区治理创新模式的比较研究［J］. 云南行政学院学报，2016（5）：125-130.

[144] 邵云飞，何伟，詹坤. 多主体参与的高校协同创新过程的演进研究［J］. 科技管理研究，2015（23）：84-90.

[145] 韦铁，鲁若愚. 多主体参与的开放式创新模式研究［J］. 管理工程学报，2011（3）：133-138.

［146］周海霞，郭成.社会变迁下民族教育的场域重构［J］.贵州民族研究，2016，37（7）：211-214.

［147］赵连保，粟胜夫.从结构功能角度看中华民族传统体育的价值［J］.中国体育科技，2006，42（3）：61-64.

［148］李姗姗.论少数民族传统体育的教育价值及其实现［J］.贵州民族研究，2015，36（4）：227-230.

［149］刘旻航.民俗体育功能分类及特点研究［J］.山东体育学院学报，2012，28（5）：37-42.

［150］陈劲，阳银娟.协同创新的驱动机理［J］.技术经济，2012，31（8）：6-11.

［151］李成龙.校企协同开展创新创业教育的机理探析［J］.中国高校科技，2016（10）：87-90.

［152］蓝晓霞.产学研协同创新的形成机理探析［J］.中国高校科技，2014（6）：30-33.

［153］胡慧玲.产学研协同创新系统耦合机理分析［J］.科技管理研究，2015（6）：26-29.

［154］程强，石琳娜.基于自组织理论的产学研协同创新的协同演化机理研究［J］.软科学，2016，30（4）：22-26.

［155］郑彤彤.产学研协同创新的内涵、模式与运行机制研究［J］.湖北社会科学，2017（5）：169-173.

［156］张艺，许治，朱桂龙.协同创新的内涵、层次与框架［J］.科技进步与对策，2018（7）：1-9.

［157］史烽，陈石斌，蔡翔.论协同创新的内涵及空间效应［J］.技术经济与管理研究，2017（3）：32-36.

［158］施章清，罗建林，昝辉.基于协同创新视角的大学生综合素养提升实践研究——以浙江师范大学文科综合实验教学中心为例［J］.实验技术与管理，2016，33（4）：5-7+11.

［159］孙健.协同创新视角下研究生培养过程优化［J］.学位与研究生教育，2015（2）：41-45.

参考文献

[160] 包根胜. 协同创新视角下高校教师教育共同体的构建[J]. 高教探索, 2017（4）：120-123.

[161] 钱雨, 吴冠霖, 孙新波, 等. 产学研协同创新成员协同行为构成要素及关系研究[J]. 科技进步与对策, 2015, 32（16）：15-20.

[162] 徐少同, 孟玺. 知识协同的内涵、要素与机制研究[J]. 科学研究, 2013, 31（7）：976-982.

[163] 陈艳. 马斯洛需要层次理论对构建和谐师生关系的启示[J]. 教学与管理, 2014（10）：79-81.

[164] 李鹏鸽. 文化民生的功能及其实现——以马斯洛需要层次理论为视角[J]. 云南行政学院学报, 2013（6）：109-111.

[165] 刘晖. 全球化对我国体育类非物质文化遗产发展的影响研究[J]. 体育文化导刊, 2015（12）：21-24.

[166] 孙健, 张辉. 传统蹴鞠非物质文化遗产的"文化软实力"解析[J]. 沈阳体育学院学报, 2015, 34（1）：135-139.

[167] 焦英奇, 刘良超. 民族图腾与国家象征：龙狮运动的文化价值与仪式认同[J]. 体育与科学, 2014, 35（1）：104-107.

[168] 毛迪, 王智慧, 洪晓波. 舞龙运动：民族传统文化传承的载体与价值认同[J]. 体育与科学, 2012, 33（2）：29-32.

[169] 黄旭涛. 非物质文化遗产保护中的政府职责研究——基于杨柳青年画保护的调查[J]. 理论与现代化, 2014（2）：111-117.

[170] 黄涛. 近年来非物质文化遗产保护工作中政府角色的定位偏误与矫正[J]. 文化遗产, 2013（3）：8-14.

[171] 康保成. 关于非物质文化遗产的改革、创新及其他[J]. 湖南社会科学, 2013（5）：200-203.

[172] 齐易. 非物质文化遗产："尊重、保护"与"提升、改造"孰是孰非[J]. 文化遗产, 2016（5）：16-22.

[173] 韩成艳. 非物质文化遗产保护的"整体性"理念与实践：基于宁波案例的讨论[J]. 西北民族研究, 2016（3）：185-192.

[174] 于瑛, 陆秀春. 民族地区学校非物质文化遗产教育实践的人类学透视——以桂西D与X小学为例[J]. 民族艺术, 2014（3）：162-165.

[175] 李桂云. 学校教育在非物质文化遗产保护中的地位与作用[J]. 江苏师范大学学报: 教育科学版, 2013, 4 (1): 91-93.

[176] 郑雪松. 教育人类学视域下的非物质文化遗产传承体制研究——以河南非物质文化遗产的传承为例[J]. 河南大学学报: 社会科学版, 2013, 53 (5): 137-143.

[177] 陈思琦. 非物质文化遗产在高校校园中的传播研究[J]. 中华文化论坛, 2015 (7): 79-82.

[178] 王书彦, 张英建, 韦启旺, 等. 河北省农村学校体育非物质文化遗产教育普及推广研究[J]. 山东体育科技, 2016, 38 (4): 75-79.

[179] 徐英微, 孙韬. 原生态民族体育非物质文化遗产在高校教学中的传承研究[J]. 黑龙江高教研究, 2014 (6): 153-155.

[180] 刘珺. MOOC翻转课堂教学模式的构建与实验研究——以高校武术选项课为例[J]. 广州体育学院学报, 2016, 36 (2): 121-123.

[181] 刘丹, 闫长乐. 协同创新网络结构与机理研究[J]. 管理世界, 2013 (12): 1-4.

[182] 陈劲, 阳银娟. 协同创新的理论基础与内涵[J]. 科学学研究, 2012, 30 (2): 161-164.

[183] 周正, 尹玲娜, 蔡兵. 我国产学研协同创新动力机制研究[J]. 软科学, 2013, 27 (7): 52-56.

[184] 李久平, 姜大鹏, 王涛. 产学研协同创新中的知识整合: 一个理论框架[J]. 软科学, 2013, 27 (5): 136-139.

[185] 薛洁, 韩慧萍. 家庭教育传承对于"非物质文化遗产"保护的价值和意义——以新疆少数民族民间文化传统为例[J]. 民俗研究, 2013 (1): 45-50.

[186] 安德明. 非物质文化遗产保护中的社区: 涵义、多样性及其与政府力量的关系[J]. 西北民族研究, 2016 (4): 74-81.

[187] 杨利慧. 以社区为中心——联合国教科文组织非物质文化遗产保护政策中社区的地位及其界定[J]. 西北民族研究, 2016 (4): 63-73.

[188] 黄涛, 郑文清. 非物质文化遗产保护工作中社区认同的内涵与重要性[J]. 中国人民大学学报, 2018 (1): 27-36.

［189］徐广华，孙宽宁. 论民俗文化的学校教育传承［J］. 当代教育科学，2018（7）：30-35.

［190］徐继存. 学校的社会责任与使命［J］. 西北师大学报：社会科学版，2012，49（6）：103-107.

［191］邱柏生，刘巍. 试论思想政治教育学科建设的协同创新［J］. 东南大学学报：哲学社会科学版，2014（6）：5-9.

［192］石中英. 社团活动与社会主义核心价值观教育［J］. 中国教育学刊，2014（6）：22-25.

［193］唐雯，邱璟. 试论高校学生社团的文化功能——兼论学生社团对非物质文化遗产的保护［J］. 山西师大学报：社会科学版，2012，39（6）：146-149.

［194］熊兵. 高校学生社团建设模式研究［J］. 教育与职业，2012（29）：39-40.

［195］冼季夏. 生态学理论在学生社团建设中的运用［J］. 学校党建与思想研究，2009（1）：45-46.

［196］刘魁立. 关于非物质文化遗产保护的若干理论反思［J］. 民间文化论坛，2004（4）：51-54.

［197］刘锡诚. 非物质文化遗产的文化性质问题［J］. 西北民族研究，2005（1）：131-139.

［198］蔡丰明. 中国非物质文化遗产的文化特征及其当代价值［J］. 上海交通大学学报：哲学社会科学版，2006，14（4）：64-69.

［199］饶燕婷. "产学研"协同创新的内涵、要求与政策构想［J］. 高教探索，2012（4）：29-32.

［200］陈笃钦. 协同创新视角下高校党委工作价值及其实现路径［J］. 福州大学学报：哲学社会科学版，2013（5）：107-111.

［201］毛迪，王智慧，洪晓波. 舞龙运动：民族传统文化传承的载体与价值认同［J］. 体育与科学，2012，33（2）：29-32.

［202］普丽春，袁飞. 少数民族非物质文化遗产教育传承的主体及其作用［J］. 民族教育研究，2012，23（1）：115-121.

[203] 王霄冰. 民俗文化的遗产化、本真性和传承主体问题——以浙江衢州"九华立春祭"为中心的考察[J]. 民俗研究, 2012（6）: 112-122.

[204] 吴平. 区域非物质文化遗产多元保护主体合作共治研究——以黔东南为个案[J]. 贵州社会科学, 2012（12）: 148-151.

[205] 王霄冰. 从《祭孔乐舞》看"非物质文化遗产"的舞台表演及其本真性[J]. 民族艺术, 2014（4）: 134-139.

[206] 高扬元, 梁星. 公共文化视角下梁平木版年画整体性保护研究[J]. 重庆大学学报: 社会科学版, 2018, 24（5）: 200-207.

[207] 李令永. 学校的文化功能——一种社会学的视角[J]. 教育理论与实践, 2010, 30（4）: 22-25.

[208] 刘生杰, 郭显德. 太极拳与广场舞对中老年妇女健身效果的比较研究[J]. 中国体育科技, 2013, 49（5）: 103-105.

[209] 胡小善. 协同创新视角下高校体育大课程体系建设的研究[J]. 山东体育科技, 2014, 36（5）: 95-98.

[210] 刘建, 王新坤, 鞠秀奎. "协同创新"理念下体育专业院校实习基地与教师培训共建模式研究[J]. 沈阳体育学院学报, 2014, 33（3）: 106-110.

[211] 王向东. 协同创新视角下高校与"青州花毽"共建创新平台的途径及措施[J]. 山东体育科技, 2014, 36（4）: 9-13.

[212] 邱柏生, 刘巍. 试论思想政治教育学科建设的协同创新[J]. 东南大学学报: 哲学社会科学版, 2014（6）: 5-9.

[213] 万兆彬. 基于协同创新的少数民族非物质文化遗产传承人培养模式研究[J]. 青海民族研究, 2017, 28（2）: 71-75.

[214] 林朝虹, 林伦伦. 潮汕民间文学多模态传承体系的构建及其传播路径[J]. 文化遗产, 2016（1）: 96-103.

[215] 王珊. 协同创新助推泉州南音传承发展[J]. 中国音乐, 2014（4）: 257-259+261.

[216] 谭会敏, 张志全. 高等教育改革视阈的国粹艺术保护与传承[J]. 社会科学论坛, 2014（5）: 219-223.

[217] 王肃元. 华夏文明传承与创新的协同研究——以甘肃省为例[J]. 甘肃社会科学, 2013（5）: 135-139.

[218] 段艳玲, 刘兵. 我国体育产学研协同创新动力机制实证研究[J]. 体育科学, 2019, 39（1）: 47-54.

[219] Howard, Peter. The Rise of Heritage[J]. Asian Anthropology, 2010（9）: 1-27.

[220] Aspasia Dania, Dimitrios Hatziharistos, Maria Koutsouba. The use of technology in movement and dance education: recent practices and future perspectives[J]. Procedia Social and Behavioral Sciences, 2011（15）: 3355-3361.

[221] Marcello Canozzino, Alessandra Success, Rosario Leopardi, and so on.Virtually preserving the intangible heritage of artistic handicraft[J]. Journal of Cultural Heritage, 2011（12）: 82-87.

[222] Corning P A. "The synergism hypothesis": On the concept of synergy and its role in the evolution of complex systems[J]. Journal of Social and Evolutionary Systems, 1998, 21（2）: 133-172.

[223] Chesbrough H.The logic of open innovation: Managing intellectual property[J]. California Management Re-view, 2003, 45（3）: 33-58.

[224] Vuola O, Hameri A P.Mutually benefiting joint innovation process between industry and big-science[J]. Technovation, 2006, 26（1）: 3-12.

[225] Okamuro H, Kato M, Honjo Y.Determinants of R&D cooperation in Japanese start-ups[J]. Research Policy, 2011, 40（5）: 728-738.

[226] Caloghirou Y, Ioannides S, Vonortas N S.Research joint ventures[J]. Journal of Economic Surveys, 2003, 17（4）: 541-570.

[227] Fawcett S E, Waller M A.Mitigating the myopia of dominant logics: On differential performance and strategic supply chain research[J]. Journal of Business Logistics, 2012, 33（3）: 173-180.

［228］Tomlinson P R. Co-operative ties and innovation：Some new evidence for UK manufacturing［J］. Research Policy，2010，39（6）：762-775.

［229］Ozcan S，Islam N.Collaborative networks and technology clusters-The case of nanowire［J］. Technological Forecasting and Social Change，2014，82（2）：115-131.

［230］Miotti L，Sachwalsd F.Cooperative R&D：Why and with whom An integrated framework of analysis［J］. Research Policy，2003，32（6）：1481-1499.

［231］Jacobs，Don Trent，Reyhner，Jon. Preparing Teachers To Support American Indian and Alaska Native Student Success and Cultural Heritage［J］. ERIC Digest，2002，24（1）：85-93.

附 录

一、地方政府部门人员访谈提纲

（一）请问政府在对学校开展非物质文化遗产传承的支持方面怎样？是否有专项资金予以支持？有没有专门为学校传承制定法规和文件？

（二）您认为在学校开展地方优秀传统文化传承的价值是？

（三）请问如果有学校主动提出开展，贵单位将如何支持？在学校传承工作中的角色是？

（四）请问当前对已开展的学校进行年度考核时是如何进行的？

（五）请问目前学校开展传承在师资方面是如何解决的？是否已经组织教师进行传承资质培训？如果还未开展培训，请问有将此列入贵单位今后的工作计划吗？

（六）请问是否有专门为学校传承开展搭建展示平台？有哪些？

（七）请问目前影响学校开展体育非物质文化遗产的因素有哪些？您认为应该怎样解决？

二、学校领导访谈提纲

（一）贵校开展体育非物质文化遗产传承的缘由是？

（二）您认为学校在传承民族优秀传统文化中的作用是？

（三）贵校开展体育非物质文化遗产进校园，学校在场地器材、师资、经费等方面如何解决？

（四）您认为学校开展体育非物质文化遗产还存在哪些困难？您认为的解决途径是？

（五）为保证学校传承工作的顺利实施，校方做了哪些准备？学校将如何支持传承工作？

（六）是否愿意主动与社区联动，让学生参与社区文化活动？

（七）贵校传承开展的定位是？传承的目标是？

（八）您对于学校开展体育非物质文化遗产传承还有哪些宝贵的建议？

三、学校教师访谈提纲

（一）您认为青少年参与传承体育非物质文化遗产对他们的影响如何？为什么？

（二）您对学校开展的体育非物质文化遗产了解吗？

（三）学校传承体育非物质文化遗产过程中，教学内容的选择是怎么考虑的？

（四）贵校在传承体育非物质文化遗产方面做了哪些具体工作？开设了什么活动？以什么样的形式进行传承？对此您有什么好的建议？

（五）您所在的学校是通过哪些途径对老师进行体育非物质文化遗产培训的？

（六）您会哪些民族传统体育项目？您认为学习传统体育文化对练习者的好处是？

（七）如果学校传承工作需要您的参与，您愿意吗？为什么？

（八）学生通过学习这些传统体育文化，您认为他们在哪些方面发生了改变？

（九）您认为学校开展体育非物质文化遗产校园传承时如何选择内容？依据与要求是？

（十）您认为学校开展传承可以设计什么样的活动形式？为什么？

（十一）您认为在对参与传承的学生进行评价时，由谁来评价？评价的内容？评价的方式？

（十二）您认为学校开展体育非物质文化遗产还存在哪些困难？您认为的解决途径是？

四、学生访谈提纲

（一）您都了解哪些传统体育项目？是通过什么途径了解的？

（二）您会主动学习民族传统体育吗？参加的目的是？

（三）除了在学校学习该项目，您还在其他场合学习过吗？如果有，在什么场合？

（四）您会该项目的哪些技法？喜欢该项目的什么内容？了解该项目的历史脉络与文化内涵吗？

（五）您在学习该项目过程中遇到什么困难？如何解决？

（六）您希望学校怎样开展体育非物质文化遗产传承？

（七）对于目前学校传承开展工作，您认为的成功与不足之处？您个人觉得学校在传承中还应该开展哪些活动，理由是？

五、家长访谈提纲

（一）您对地方传统体育有兴趣吗？您都了解哪些传统体育项目？您是通过什么途径了解的？

（二）您认为学校教育中是否有必要将体育非物质文化遗产引进校园？理由是？

（三）您认为学习体育非物质文化遗产对学生的发展有什么作用？

（四）您希望学校开展地方传统体育项目吗？您会让您的孩子学习民族传统体育吗？为什么？

（五）您认为怎么才能保证学生学习到该项目？

（六）您认为青少年学习体育非物质文化遗产会影响您及家人的生活吗？

（七）请问您的孩子参与传承学习后发生了哪些变化？

（八）请问如果学校希望您参与到学校传承工作中，您愿意吗？如果愿意，您将如何支持学校传承工作？

（九）您认为学校开展传承需要考虑的是？您有什么建议？

六、体育非物质文化遗产项目代表性传承人访谈提纲

（一）请问项目的起源？以前在什么时间、地点、场合练习？现在的练习时间、地点、场合？

（二）请问地方青少年对学习该项目的态度？为什么？您本人对此怎么看？

（三）您认为有没有必要在学校中传承该项目？

（四）您认为现在的学生对地方传统文化了解吗？

（五）您认为学校传承该项目有什么问题？您的希望是什么？

（六）该项目的活动形式在传承过程中有什么变化？您是否对传承的体育非物质文化遗产进行了创新与改变？

（七）您是否支持本地学校开展传承？如果支持，将如何支持？

（八）请问您在参与学校传承指导工作后有哪些收获？

（九）您认为自己在指导学生传承的过程中存在哪些困难？有什么方法来解决这些困难？